U0936843

珍藏本·增订本

纪念版

汉译世界学术名著丛书

就业理论导论

〔英〕琼·罗宾逊　著

陈明衡　译

First published in English by
Palgrave Macmillan, a division of Macmillan
Publishers Limited under the title
Joan Robinson: Writings on Economics—VOLUME 3
INTRODUCTION TO THE THEORY OF EMPLOYMENT
Second edition, 1969 by Joan Robinson
This edition has been translated and published
under license from Palgrave Macmillan.

本书根据帕尔格雷夫出版公司 2002 年版译出

汉译世界学术名著丛书
（120 年纪念版・珍藏本）
增订本出版说明

2017 年 10 月，为纪念商务印书馆创立 120 周年，本馆推出“汉译世界学术名著丛书”（120 年纪念版・珍藏本），计七百种。近五六年来，仰赖学界同人倾力支持，订正旧译，增补新译，拓展新著，积累日多。为满足读者需要，本馆在七百种的基础上，继续推出“汉译世界学术名著丛书”（120 年纪念版・珍藏本・增订本）三百种。至此，“汉译世界学术名著丛书”累计出版已达千种。

今后，本馆将继续推进丛书的翻译出版工作，在积累单本名著的基础上陆续分辑刊行，汇印出版。为促进中外文明互鉴、推动我国学术发展，使“汉译世界学术名著丛书”这项对我国学术文化有基本建设意义的重大工程发挥更大作用，诚望海内外学术界、翻译界继续给予支持，帮助我们把这套丛书出得更好。

商务印书馆编辑部

2024 年 2 月

汉译世界学术名著丛书
（120 年纪念版·珍藏本）
出 版 说 明

2017 年 2 月 11 日，商务印书馆迎来 120 岁的生日。120 年前，商务印书馆前贤怀揣文化救国的理想，抱持“昌明教育，开启民智”的使命，立足本土，放眼寰宇，以出版为津梁，沟通中西，为中国、为世界提供最富智慧的思想文化成果。无论世事白云苍狗，潮流左右激荡，甚至战火硝烟弥漫，始终践行学术报国之志，无改初心。

迻译世界各国学术名著，即其一端。早在 20 世纪初年便出版《原富》《天演论》等影响至今的代表性著作，1950 年代后更致力于外国哲学和社会科学经典的译介，及至 1980 年代，辑为“汉译世界学术名著丛书”，汇涓为流，蔚为大观。丛书自 1981 年开始出版，历时三十余年，迄今已推出七百种，是我国现代出版史上规模最大、最为重要的学术翻译工程。

丛书所选之书，立场观点不囿于一派，学科领域不限于一门，皆为文明开启以来，各时代、各国家、各民族的思想与文化精粹，代表着人类已经到达过的精神境界。丛书系统译介世界学术经典，引领时代思想，为本土原创学术的发展提供丰富的文化滋养，为推动中国现代学术和现代化进程做出了突出的贡献。

为纪念商务印书馆成立120周年，我们整体推出“汉译世界学术名著丛书”120年纪念版的珍藏本，寄望既利于文化积累，又便于研读查考，同时向长期支持丛书出版的译者、编者和读者致以敬意。

两甲子后的今天，商务印书馆又站在了一个新的历史时间节点上。我们不仅要铭记先辈的身影和足迹，更须让我们的步伐充满新的时代精神。这是商务人代代相传的事业，更是与国家和民族的命运始终紧密相连的事业。我们责无旁贷，必须做好我们这代人的传承与创造，让我们的努力和成果不仅凝聚成民族文化的记忆，还能成为后来人可以接续的事业。唯此，才能不负前贤，无愧来者。

商务印书馆编辑部

2017年10月

目　录

第二版前言 ix

三十年之后

这本小书,作为一份历史文献,应有令人感兴趣的地方。它属于那个时期——当时,凯恩斯(Keynes)打破了传统经济学的壁垒,引入了新的观念,即政府有可能也有必要采取措施,以减少失业。

马歇尔(Marshall)和庇古(Pigou)是凯恩斯在《通论》中抨击的对象,但是他们的学说从来没有很一致的说法。现在,我们可以理解其逻辑背后的基础是什么,他们的一些隐含的观念也得以公开,并以现代的形式清楚表达出来。传统经济学理论有两个分支,其一针对静止的状态,另一个针对累积的过程。

在静止状态中,存在一定数量的资本——这里的"资本"是指某种极易控制的物质,可以随时随地、不费成本地变换成各种形态。工资协议按照真实价格订立,失业只能归咎于工资定得过高。只要工人愿意接受较低工资,企业家提供更多工作岗位就变得有利可图,于是资本会被硬挤出来,以"资本密集"程度较低的方式开展生产。

在发展的经济体中,存在一定数量的储蓄,即人们在充分就业

时，想要从自己的收入中节省下来的部分。只有当企业家不能把所
x 有储蓄都用于投资时，也即利率太高时，才会出现失业。只要储蓄者愿意以低利率提供资金，投资就会等于储蓄，从而实现充分就业。

当然，这些学说从来没有被清楚地表述过，而是隐含在当局的一些报告中。例如格雷戈里(Gregory)教授所撰麦克米伦报告(Macmillan Report)[①]的附件，其中认为削减货币工资是救治衰退的最佳方法；或者财政部的意见，认为任何时候都有一定数量储蓄可资利用，因此，如果政府借入更多储蓄用于国内投资，就可以抵消海外投资的滑坡。[②] 这些都是这本介绍凯恩斯《通论》的小书想要揭露的谬误。

战争证实了凯恩斯的观点，一种新传统占了上风。例如1944年就业政策白皮书，[③]开篇即言：

> 政府承认，维持较高而稳定的就业水平，是其主要目标与职责之一。

这项承诺，比起把失业率从高水平压低，要复杂得多。在深度衰退中，当传统观念认为已无能为力时，只需提出理由支持任何一种支出，即便是雇人在地上挖洞，也比什么都不做要好一些。一旦

---

① 《财政与工业委员会的报告》(*Report of the Committee on Finance and Industry*)(1931)。

② 见《有关失业问题若干建议的备忘录》(*Memoranda on Certain Proposals Relating to Unemployment*)，Cmd. 3331(1929)。

③ Cmd. 6527。

接近充分就业的状态已经实现，要保持这种状态，政策必须有更大
的选择性，远远不是保持较高的国内有效需求以及海外收支的适 xi
度平衡那么简单。

而且，一旦大家接受了保持充分就业的职责归属，争论的整个道德与政治基础就会为之一变。如果有人确保我们在任何情况下都能充分就业，那么，需要讨论的就只有从事什么职业的问题。我们是要更多投资，还是更多消费？如果要更多投资，是投资于产业基础设施（如供电、运输、通信），追求利润的私营企业，还是改善社会服务（如教育、保健、住房）和一般生活便利？如果要更多消费，是减少贫困优先，还是每人均摊一份？

当就业本身被视为终极目标时，这些深层次的、引起分歧的问题都被掩盖了。由于凯恩斯成为新传统，充分就业就变成了保守的口号。

凯恩斯的物价理论，经过了更长时日才被普遍接受。他给出的主要观点是，削减货币工资，并不能增加就业，但会降低物价，增加债务负担，阻碍投资；而逆命题——增加货币工资会提高物价——恰恰是其理论体系的一部分，见第七章的论证。

尽管凯恩斯礼节性地祝贺了我的《不完全竞争经济学》一书的出版，但他对不完全竞争理论其实无甚兴趣。他认为，利润总额占当期销售额的比重，取决于边际成本与平均成本的差别。现在我们
从操纵价格的角度考虑问题，并认为总边际大体上取决于寡头垄 xii
断厂商的定价策略。无论何种情况，货币工资的全面增长，提高了所有产品的主要成本（这里不考虑国际贸易），使一般物价水平大体相同比例上升。如果是完全竞争（假设这种情况存在），相应调

整会自动发生；如果是不完全竞争，就须加入定价策略的因素：有时厂商发现，把利润压缩掉一点是明智的，有时他们又会借主要成本上升的机会，更大幅度地提高产品价格。

就像战争改变民意，认为政府必须关注就业一样，持续通胀的年代，使当局转向了“物价与收入政策”。简单地说，就是调控货币工资。尽管工会可以从凯恩斯那里学到，物价与收入政策实际上是如何运行的，他们可以最有效地提出什么需求等，但是，这里也存在保守的倾向。

凯恩斯思想的第三个主要组成部分——利息理论，并没有很好地经受住考验。当然，过去把利息（借贷成本）和利润（投资回报）混为一谈的倾向，认为利率取决于实际可投资资源的供求关系的观点等，都被肃清了。但现在看来，凯恩斯分析中的肯定部分（即本书遵循的部分），对于利率作为经济调节阀的作用，也言过其实了。凯恩斯理论的这一部分，是对传统学说的一种让步。削弱这一部分，是为了把他的理论体系从旧传统中更加彻底地分离出来。

凯恩斯很想用他的分析方法，处理市场经济崩溃的迫切问题。
xiii 他对长期问题没有思考太多。当就长期问题发表意见时，他指出，如果没有战乱，也没有人口增长，像英国这样一个国家，只要把投资保持在充分就业的水平，经过一代人的努力，就可以完成对社会有用的全部积累（由于前提条件都不满足，我们不能推算出他的差错究竟有多大）。

现在，思潮已经转变，经济理论关注长期增长。这方面出现了一系列新的问题，但分析这些问题并不能脱离凯恩斯。凯恩斯之前的理论认为，资本由极易控制的物质构成，利率由储蓄的供给决定。这种理论对于分析长期增长问题的用处，并不比对分析就业问题的用处更大。我们需要做的是凯恩斯通论的一般化，将其运用于凯恩斯没有涉足的领域。

* * *

读者可能发现，在阅读了正文的相关部分之后，再看以下各点将更加方便。

在《通论》的形式结构上，有很多方面引起了麻烦。其中之一，是它把储蓄等于投资的命题，既当作会计恒等式，又视为因果关系（第二、三章）。

作为一个恒等式，这个命题意味着，当我们以复式分录统计一年的国民收入，展示收入的来源与运用时（假设预算平衡并且没有国际贸易），总投资上的支出，一定等于收入超过消费支出的部分，也即等于储蓄加上分期偿付的限额。这一点，在关于《通论》的争 xiv
论中很重要，因为它可以消除一些普遍的错觉，例如认为储备比投资多出“窖藏”（hoarding）的量等（见第 12 页）。[①]

而作为一种因果关系，这个命题表达了现代经济如何运转的一个观点：投资决策影响收入水平和储蓄率，但是储蓄决策不直接影响投资水平。

① 指原书页码，即书页边缘标注的边码，下同。——译者注

凯恩斯假设，短期内，家庭收入水平和相应的消费支出额之间，有着稳定的、可预期的关系。如果情况确是如此，并且所含的时滞很短，则可以说，每个时点上，各收入水平的储蓄率总是等于投资率。这个假设是阐述乘数问题的基础——乘数表示的是投资变化与相应收入变化之间的关系。当必须考虑时滞时，对应于某个投资水平的收入，通常要到投资水平改变一段时间之后，才能达到。因此，投资率和相应的储蓄率之间，从来不会达成准确的相等关系。每个时点上，总是有一些储蓄是不能相对应的——收入意外骤升之后，储蓄过高，或者收入骤降之后，储蓄过低。

一些吹毛求疵的人，不去改进凯恩斯的表述，而是攻击他的基本观点，他们在这个问题上就大做文章。

现在我们遇到了一个更重要的问题：在我们目前享有的收入
xv 水平上，消费倾向远不像凯恩斯假设的那么可靠。这是现代政府在试图运用有限的政策工具调控就业和物价时，遭遇的主要困难之一。

《通论》的形式结构上有一个严重缺陷，即它认为，投资率会调整到使预期收益率（“资本的边际效益”）等于利率的水平。所谓“考虑了风险的预期投资收益等于利率”的说法（见第 23 页），纯属废话。就像凯恩斯在书中其他地方强调的，所谓考虑风险，或多或少是依据信心状况。为支持一项投资计划而进行收益计算，结果总是显示，收益率比市场利率高出很多。预期的收益，以及对风险的担心，两者一定程度上都是企业家脑子里的主观看法，是无法分而言之的。如果把收益超过利息的部分，界定为风险贴水，那么根据定义不言自明，考虑了风险的预期收益一定等于利率；这个命题等于什么都没说。依照直觉，我选择了建造房屋作为投资计划的一个例子（第24页），因为在这个案例中，利率的影响比较明确，比较容易计算。

军备投入有利于就业的说法（第27页），在现代社会获得了残酷的认同。

凯恩斯的形式结构还有一个缺陷，即没有考虑投资本身由于影响当期收入，而对预期收益所产生的影响。通过引入米歇尔·卡勒奇（Michal Kalecki）的一些观点，我对凯恩斯关于商业周期的论述稍微作了一点改进（第七章）。但是，其中一些观点，我现在并不想为之辩护。一是认为，经济无需外部新的推动，就可以自动从深度衰退中复苏（见第91—92页）。二是认为，繁荣通过抬高利率，使借贷更加昂贵，而转向自我遏制（第94页）。这是通常表述的凯恩斯理论的一部分，但明显都是错的，因为繁荣时期的借贷不可能比衰退时期更困难。 xvi

第96页关于相机抉择政策（stop-go policy）的勾勒，现在看来是一种先见之明；但是，第98页关于人口增长与新发明时代的展望，又显然很不对路。

关于货币与利率的讨论（第八至十章），非常初浅，但是，可以用来反驳当前正在复兴的一些前凯恩斯主义的观点。

关于不平等与节俭之间关系的讨论（第五章），近期获得了很多支持。

琼·罗宾逊

1969年1月

xvii

原　　序

这本书的目的，是向学生们简要阐释就业理论的主要原理，因为他们在学习领会凯恩斯的《就业、利息和货币通论》及其他相关文献时，常常感到需要帮助。写作这类书，一定会遇到严密性与简洁性要求相冲突的问题。在本书中，如果出现这种冲突，牺牲掉的总是严密性，所以请读者一定要把这本书看作只是进一步研究的预备。写作中，除了《通论》，我还利用了自己的《就业理论文集》，科林·克拉克（Colin Clark）的《国民收入与支出》和米歇尔·卡勒奇的论文《商业周期理论》（见《经济研究评论》，1937 年 2 月）等。鉴于本书预设的读者群，我尽量避开不说行话，也不企望本书对平息目前困扰理论经济学界的争论，能有多少裨益。

琼·罗宾逊

于剑桥

1937 年 8 月

第一章　导论 1

引　　言

现代经济体系不能为所有想要工作的人持续提供就业。这常常被认为是现代经济体系的主要缺陷之一，补救这个缺陷的办法经常有人提出。但开方之前一定要有诊断。本书的目的，就是要在最基本的层面，帮助读者理解这个问题。

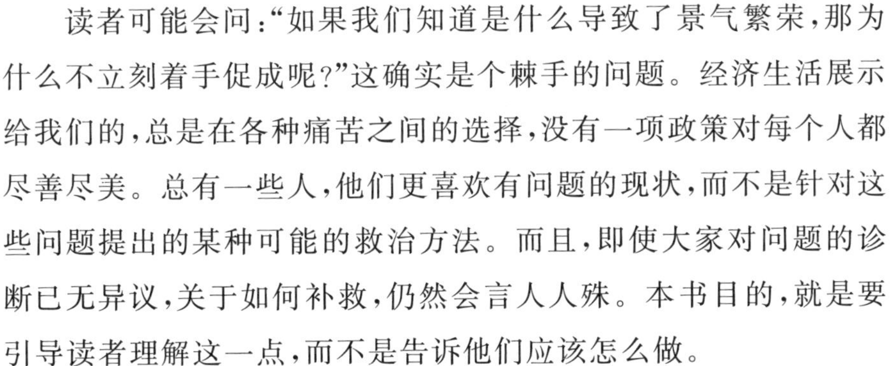

读者可能会问："如果我们知道是什么导致了景气繁荣，那为什么不立刻着手促成呢？"这确实是个棘手的问题。经济生活展示给我们的，总是在各种痛苦之间的选择，没有一项政策对每个人都尽善尽美。总有一些人，他们更喜欢有问题的现状，而不是针对这些问题提出的某种可能的救治方法。而且，即使大家对问题的诊断已无异议，关于如何补救，仍然会言人人殊。本书目的，就是要引导读者理解这一点，而不是告诉他们应该怎么做。

需求不足

简明地说，在私有经济体系中，是雇主——主要是产业企业

2 家——决定了提供给劳动人口的职位数量。但是，这些企业家本
身，又服从于那些促使他们以某种方式做出决策的一般影响因素。
每个人的决策，又影响其他人的决策。这里没有中枢控制，也没有
行动计划，无论经济生活中实际发生了什么，都是无数个人独立决
策的结果。最符合每个人自身利益的行动，很少就是对提高整个
社会的福祉最有利的行动。如果我们的经济体系有时出现异常甚
或癫狂的状态，如粮食被销毁而人民忍饥挨饿，我们要想到：个人
自由决策的相互影响，导致荒谬、愚笨和令人困惑的结果，是屡见
不鲜、不足为怪的。

在这种体系中，商品与服务是为了可以有利地出售而生产。因此，生产商品与服务的数量，取决于对它们的需求。“需求”(demand)意味着货币支出，而不是意愿(desire)或者需要(need)。无论一个人对衣食娱乐等商品的需要有多大，除非他付钱购买，否则就不会有人为他生产这些商品；需要，若不伴随着支出，就不构成“需求”。我们非常清楚，在我们生活其中的经济体系中，经常发生有效资源得不到利用的情况，如工人失业、机器闲置、土地抛荒等，与此同时，社会对这些资源所能生产的商品有强烈的需要。产量低于最大可能值，不是因为需要已经餍足，而是因为需求尚且不足。

需求不足又是怎么发生的呢？就个别消费者而言，对商品的
需求，主要由他们的收入决定。收入越高，个人在当期消费上的支
3 出意愿就越大。但是，收入既是支出的来源，又是支出的结果。人
们通过满足彼此的需求而赢得收入。一个人的支出提供了其他人
的收入，一个人的收入来自其他人的支出。据此，我们可以认为，

任何时候，如果有资源闲置，一定只是偶然的或处置失当的结果。此时所需的，无非是提高经济活跃程度(activity)，由此收入会增加，为生产出来的额外商品创造需求。

问题是，并非每个人的全部收入都花在当期消费上。假如一个人的生活水平超过了某个最低限度，他就可能想要储蓄一部分收入，增加财富储备。人们积累财富，是要为应对未来的紧急情况提供保障，是要满足拥有财富的欲望，或者是要通过有偿借贷得到更多收入。由于这些动机，个人会把消费压低到他们的收入所能购买的商品量以下，省出一部分收入，以获得财富。如果储蓄直接导致了对真实资本如房屋、机器、轮船等等的需求，那不会引起什么问题。因为这时，积蓄下来的收入会带来资本品生产上的就业，就如同用于消费的收入会带来消费品生产上的就业一样。这样，储蓄意愿不会成为失业的原因。

但是，社会对资本品的需求，并不来自储蓄，而是来自运用这些资本品进行生产经营的企业。除非企业家看到有利可图，否则，
他不会占用资本品。个人想要储蓄一部分收入以增加其私人财 4
富——单单这一点，并不能促使企业家产生资本可以获利更巨的预期。资本品的赢利能力，取决于对它们所生产消费品的需求。因此，个人决定储蓄，而不把收入都用在即时消费上，会削弱而不是增强企业家占用新资本品的动机。储蓄的决定，只会减少消费品的需求，不会增加资本品的需求。

正因如此，失业成为可能。当企业家认为值得占用的新资本量，小于个人想拥有的储蓄量时，就出现了失业。储蓄减少了消费品需求，因为储蓄意味着没有了当期消费上的相应支出，而企业家又未能以足够大的资本品需求，弥补这个缺口。所以说，需求不足，人力物力闲置，不是因为人们不需要它们的服务，而是因为需求不够大，谁也不能把这些闲置资源投入生产而自得其利。

全书大纲

接下来的四章，我们将致力于理清这里已经提出的线索，
即：需求水平，以及相应的就业水平，取决于储蓄意愿和真实资
本投资意愿的相互作用。第二章《投资与储蓄》，概要提出这个
思想体系。第三章《乘数》，更详细地描述投资变化对就业的影
5 响。第四章讨论投资可能发生变化的原因。第五章《节俭的变
化》，分析储蓄意愿。这样，我们就掌握了就业理论的主体部分。但是，其中还有很多错综复杂的疑难问题，如不予收集分析，就得不出完整的图景。物价和货币体系就必须考虑。在第六章简略提及救助失业的各种观点之后，我们转入第七章，讨论物价水平问题。第八章介绍有关利率的重要内容，说明货币体系的作用通过何种途径，与决定就业的因素相联系。接下去的两章，《利率面面观》与《货币供给的变化》，某种意义上都有些离题，但是分析的内容非常重要。第十一章《国际贸易》，简单扼要地处理了一个原本需要大篇幅讨论的主题，用以说明：我们已经从全球角度讨论过的内容，如果转而从单一国家的角度看待分析，会有何不同。第十二章《就业的变化》，把以上各点汇集在一起，给出了现代经济体系的就业波动图景。

某些有争议的问题，我们在论证的过程中加以讨论(特别是第十章关于货币数量理论的附录，第十一章关于自由贸易的附录)，但总体上，争论还是能回避则回避。最后一章给出关于经济学争论的一些思考。

6 第二章　投资与储蓄

术　　语

投资的概念，在后面讨论中扮演重要角色，因此有必要一开始就把有关术语说清楚。投资意味着真实资本增加，例如建造了新的房屋或工厂，修建了铁路，或者积累了原材料储备等。“投资”一词的这种用法，并不符合日常观念，即投资只是意味着获得资本所有权。在平常的讲话中，我们可以说：“我在地方铁路上投资了100英镑”；但在现在的语境里，“投资”不是指购买一张有价证券，而是指增加实实在在的商品存量。当你买入一张证券时，不是在投资；当你建造一幢房屋时，才是在投资。

另一方面，储蓄一词按通常的意思使用，储蓄是收入与当期消费支出之差。收入也按平常意思使用。关于这些概念的定义，固然还有一些细节问题，但就我们现在的目的而言，这样大致不差的处理就足以胜任了。

所有收入，最终都来自出售商品与服务。收入可能是通过受雇而获得工资或薪水，可能由于拥有生产商品所需的财物、土地或资本品而取得，可能来自出借货币（这时利息也是从商品与服务的

售卖所得中付出)，也可能来自他人的馈赠或贴补(他人也是从上 7
述来源中获得收入)。因此，所有收入，或者源于供给了当期消费，或者源于增加财富存量，即投资。修复与更新现有资本品的活动，最好也视为消费品生产过程的一部分，来自这些活动的收入，切不可当作投资收入。

投资等于储蓄

我们已经看到，一个人通过储蓄，即只消费收入的一部分，以增加私人财富，并不能激励生产更多的真实资本。简言之，储蓄本身并不导致投资。但是很容易看出，对社会整体而言，储蓄率一定等于投资率。所有收入，或者来自消费品生产，或者来自投资品生产。并且，所有收入，或者用于消费，或者用于储蓄。来自消费品生产的收入，等于用于消费的收入。因此，用于储蓄的收入，就等于来自投资品生产的收入。简言之，储蓄率等于投资率。

换一个角度看这个问题：每个储蓄的人增加了他的财富，而每个支出大于收入即负储蓄的人，减少了他的财富，或者是减掉一部分以往积累，或者是增加债务。所有个人的正、负储蓄总和，是社会
财富的总增量；而任一时期社会财富的增量，就是这个时期的投资。 8

但是，储蓄与投资并非一回事。我们说，所有人合在一起，储蓄率等于投资率，但这并不意味着，每个人的储蓄行为，都带来相应的投资行为。每个人可以随心所欲地处置自己的收入，或者花掉，或者储蓄。他的储蓄动机，受制于一些因素，如谨小慎微、家庭情感、自豪感，或者是想不出新的花销等等。同时，每个企业家都自主决定，在考虑利润预期的情况下，花费多少投资建造新的资本品是值得的。储蓄决策与投资决策彼此完全独立，而且基于完全不同的动机。

在一些个案中，两种决策又密切相关，例如一个人削减消费以增加储蓄，并为自己修建一幢房子。但通常，即便是私人建筑，也是用借款或者积累的财富投资建设的，而不是以减少当期消费为代价。不过，在其他不同的社会体制中，储蓄决策和投资建造新资本品的决策可能胶着在一起。例如在纯粹社会主义体制下，政府决定应该投资多少，并相应操纵集体储蓄的量。或者，在原始社会，没有货币，没有借贷，储蓄的形式只能是增加个体家庭拥有的物品存量。如果家庭想要储蓄更多，他们就得少消耗当年的收获，并在谷仓里保存更多食粮。

但在我们生活其中的社会，储蓄决策和投资决策并不密切相
9 关，支配两种决策的动机也风马牛不相及。那么，如何实现个人储蓄总体上刚好等于企业家决定投资的量呢？

投资增长的后果

我们假设，在通常的失业率水平下，企业家决定以超过以往的幅度扩大生产，而个人的储蓄意愿没有变化。这样，资本品生产行业开始活跃起来。这些行业的收入增加——原来失业的人员现在得到工资，企业家的利润上升。新增收入的一部分会被花掉，于是消费品生产行业也活跃起来，这又会进一步增加收入。

这时，收入水平提高，储蓄态度与以前一般无二，人们储蓄的量就增加了。由于家庭的喜好、预见和自豪感等都没有变化，即储蓄意愿不变，当收入更高时，人们会储蓄更多。储蓄意愿变化，意味着人们在相同的收入下会储蓄更多；储蓄意愿相同，实际储蓄量则取决于他们需要打理的收入。由于最紧迫的需要已经满足，生活标准变得更加舒适，当期消费的重要性与拥有财富的好处比较，相对下降了，节制当期消费的努力就变得不那么困难。因此，一般规律是储蓄随收入增加而增长。这个规律并不适用于每个人，对一个人而言也不适用于所有环境，但是如我们所料，规律大体上是成立的。

储蓄取决于收入，收入取决于扩大投资品生产的幅度。每个 10
人根据自己的喜好自由储蓄，但是他究竟喜欢储蓄多少，又受收入影响，而收入又受到企业家关于应该投资多少的决策的影响。因此，每个人凭喜好行事，但是他的喜好被企业家所支配。储蓄等于投资，是因为人们的储蓄是在由投资造成的环境中做出的。投资会提高收入，达到使储蓄率等于投资率所需要的收入水平。人们的储蓄意愿越强，对应于给定的投资率，收入水平就越低，由投资率的一定增幅带来的收入增长就越小。

储蓄意愿上升的后果

以上论证不能逆向推导。储蓄意愿不会促进投资。我们假设个人的储蓄意愿上升，即在给定的收入水平上，人们希望储蓄的量增加，而企业家的投资率一如既往。这时，一些人花费的收入会比以前减少，消费品行业的活跃程度和收入水平下降。由于收入下降，消费会进一步萎缩，导致收入再度降低。一个人的支出是其他人的收入，当一个人的支出减少时，其他人的收入也减少。随着收入下降，个人想要储蓄的量也会削减，整个社会的收入会减少到某
11 个程度，使实际储蓄率不再大于投资率。人们越是不愿意削减储蓄，收入就下降得越厉害。

由此我们再次看到，不管个人对储蓄的态度怎么样，他们的实际储蓄总量，都取决于企业家应该生产多少投资品的决策。就每个人而言，的确可以提高自己的储蓄率，但是，正是因为他储蓄更多，意味着消费更少，致使其他人的收入下降，储蓄也相应减少，从而第一个人的储蓄增加，没能改变总的储蓄率。个别储蓄者对投资率没有直接影响。如果企业家发现投资可以取得收益，他就会去投资，否则就不会。主动权在企业家，不在储蓄者。作为一个整体，储蓄者的实际储蓄由企业家支配，尽管每个人单独地看，可以自主决定储蓄多少。如果个人的储蓄意愿上升，但企业家创造新资本品的意愿没变，那么，总储蓄不会增长，储蓄的冲动会化为乌有。消费下降，收入同幅减少，因此，尽管付出了更加节俭的牺牲，储蓄却不会增长；对全社会而言，节欲不会带来财富增长的报偿。储蓄者的决策与行动，不能直接影响新资本品的创造速度；能够直接影响的，只是当期消费水平和当期消费品产量，以及收入水平和整体的经济活跃程度。

12 “窖藏”的谬论

一些学者可能不同意上述观点。他们认为，储蓄是用来购买

有价证券的，如果储蓄增加，对证券的需求也会增加；而发行新证券，是为了筹集资金用于投资；因此，储蓄增加导致投资增加。这种推理在第一步上就错了，因为当一个人增加自己的储蓄时，就减少了他人的储蓄，他没有提高社会的储蓄率，也不会增加对证券的需求。但是最初的这点差错，带来了更大混乱。如果储蓄直接引起投资，那就很不容易理解，为什么会有失业。这些学者为了解释失业，通常借助“窖藏”(hoarding)的概念。他们认为，如果一个人储蓄，并用新财富购买有价证券，投资会自动增加，但是，如果他以货币形式保存新财富，即窖藏财富，那就没有相应的投资。这种论断完全错误。无论哪种情况，个人储蓄都不是投资的原因，其中并不存在区别。我们将会发现，个人想以货币形式，而不是以证券形式持有财富(是新积蓄的财富还是已拥有一段时间的财富，无关紧要)，这一点通过影响利率，确实会明显地影响投资率。但那是一种间接而复杂的影响。个别储蓄者，不管他购买证券与否，都不会直接影响投资率。他可以根据自己的喜好选择购买证券或者增持货币，但是，由于他人会因为他储蓄更多而储蓄较少，他们会购买
较少的证券，或者减持原有的货币。如何持有财富——是货币形 13
式还是证券形式——的问题，与投资—储蓄的相互影响之间，只有极微弱的关系。

与“窖藏”概念相关的错误，无疑源自人们想要知道，消失的储蓄到底去哪里了。很清楚，如果个人储蓄意愿上升，但企业家的投资意愿不变，实际储蓄不会增加，对此他们给出的解释是：失踪的储蓄，是因为以储存货币代替证券购买而莫名其妙地迷失了。但是这种解释站不住脚。这时储蓄并不存在，因为，一旦一个人通过

减少支出以增加储蓄，其他人的收入就会下降，储蓄就减少，减少量等于前者的增量。无论在“窖藏”中还是在其他任何地方搜寻并不存在的储蓄，都是徒劳的。

小　　结

概括起来说，当投资增长，收入会上升到使储蓄等量增加的水平；但是，如果储蓄意愿增长，收入会下降，最终使储蓄一如既往，而不会更多。储蓄与投资之间的平衡关系，是通过收入变化维持的。因此，收入水平取决于投资率和储蓄意愿；给定储蓄意愿，总体的收入水平由投资率决定；给定投资率，收入水平则由储蓄意愿决定。

关于资源在闲置中浪费的情况是如何发生的，现在我们可以给出一个暂时的解释。如果企业家在一定条件下愿意投资的量，
14 小于个人在资源充分利用的收入水平下想要储蓄的总量，就会出现失业，实际收入就会小于充分就业时的收入水平。换言之：假设企业家根据未来利润预期，已经做出投资决策，这时当期投资率已定，如果个人愿意在当期消费上支出的数量，小于投资与充分就业下的总收入的差额，失业就出现了。

因此，关于失业是“富足中之贫瘠”的流行说法，包含了很大的正确成分。因为，某种意义上，出现失业的原因是：如果没有失业，一些人得到的收入会如此之大，以致他们不愿意花费足够多的钱，让企业家能够为每个想工作的人提供就业而仍有利可图。

这只是问题的暂时解释，随着我们讨论的深入，问题会变得更加清晰。

第三章　乘数 15

初级就业与派生就业

现在，我们要更详细地考察，投资增长对收入与储蓄的影响。如果在失业普遍之际增加投资，比如说建造房屋，工人们可以得到建筑的职业，制造砖瓦、玻璃、门把等物件的职业，以及运输的职业等等。这些新增的就业，是由投资增长引起的初级新增就业。随着这些就业增加，获得收入的人们会增加消费，购买更多的靴子、衬衫、咸肉和奶酪等等。同时，建筑承包商等获得了更多利润，收入增加，他们也会在消费品上支出更多。因此，在市场需求见涨的制靴等行业，就业也增加，利润更加丰厚。相应地，制靴工人就业之后就有更多的钱可以消费，鞋厂股东也获得更多红利，于是商店、影院、加油站等都得到更大利润。随着消费品行业获得更大收入，消费会进一步增长，靴子制作、汽油销售等行业的就业、利润又进一步上升。更大的收入再次引起更多的消费，如此循环反复。这些消费品行业的就业增加，是由投资增长引起的派生新增就业。

每一个循环中新增的就业和收入，都小于上一个循环。一方 16
面，利润获得者的收入增加后，会提高他的储蓄率，因此，每个循环中，新增利润只有一部分用于增加消费。另一方面，一个人就业之后得到的工资，只有一部分是新增收入。因为在失业的时候，他也不是靠喝西北风过日子的。他可能已经在领失业保险、救济金，或者从朋友、慈善机构那里获得援助，或者，他可能动用自己以前积累的储蓄、典卖家产、欠账赊购等等，以维持生计。为方便起见，我们把失业时的收入都说成是失业救济收入，而不管它来自哪里。一个人得到工资后，支出中有一部分仅仅是替代他在失业时所用的救济收入而已。因此，建造房屋的全部支出中，只有一部分传导到第二个循环的消费品行业，同样，第二个循环获得的新增收入，也只有一部分传导到第三个循环，如此等等。

收入从一个循环传导到下一个循环的程度，决定了就业的增量。总的就业增量与初级增量之比，称为乘数（Multiplier）。例如，如果资本品行业每新增一个就业岗位，消费品行业就增加两个就业岗位，那么乘数就等于 3。

储蓄等于投资

收入增长并非全额传导到下一循环的事实说明，每个循环都
17 有新增储蓄。首先，每个环节的利润都会带来储蓄增长。其次，救济金支出缩小，会带来储蓄增加，或者负储蓄减少。失业救济金可能全部或部分由政府借款提供，如果政府支出高于税收收入，并借入差额部分，那么，政府借款支付救济金的影响，完全等同于个人支出大于收入时，减少财富或者增加负债的影响。如果失业救济金由税收供给，救济金支出缩小会带来税收减免的话，当救济金支

出的缩小减轻了税收负担时，纳税人的储蓄会增加。一部分失业救济金可能来自失业者本人的负储蓄或其亲友的借款，当这些亲友身上的责任减轻时，他们也会储蓄更多。因此，无论哪种情况，救济金支出缩小，都会导致负储蓄减少，或者储蓄增加。

很明显，无论如何，当人们的收入由于房屋建造增加而增加时，由此引起的新增储蓄加在一起，一定等于房屋建造上新增的支出。因为任何东西，若非储蓄，即是耗费。如果房屋建造上的所有支出，都加在了第一个循环的储蓄上，那就不会有第二个循环。只要直接参与房屋建造的个人增加了消费，他们的新增储蓄就会小于新增收入，也即小于房屋建造上的支出。不过，恰恰因为他们没有把全部新增收入都储蓄起来，使那些为他们提供更多消费品的
人们也增加了收入，并相应增加了储蓄。再进一步，只要这些人同 18
样没有全额储蓄新增的收入，他们也会使其他人增加收入。因此，收入增加一定会持续下去，直到新增储蓄总额等于房屋建造上的新增支出为止。

举例说明

举一个简化的例子。我们假设：(1)所有收入的一半是工资收入，另一半是利润；(2)利润增量中 1/3 用于储蓄；(3)全部工资都用于消费；(4)失业人员的救济金等于就业人员工资的 1/3；(5)失业救济金全部通过借款筹措。这样，每周花在房屋建造上的支出每增加 1 英镑，第一个循环的工资增加 1/2 英镑，利润增加 1/2 英镑。工薪收入者的消费增加是工资的 2/3，即 1/3 英镑；利润获得

者的消费也增加 1/3 英镑。因此,第二个循环的收入增加了 2/3 英镑,这些收入由那些在第一个循环中收入增加的人们给付。第二个循环的工资增加 1/3 英镑,利润增加 1/3 英镑,消费品支出增加 4/9 英镑,如此等等。

因此,每周在房屋建造支出上每增加 1 英镑,整个社会的收入增量等于:

$$£1+\frac{2}{3}+\frac{4}{9}+\frac{8}{27}+\cdots\cdots$$,总共每周 3 英镑,

在房屋建造上每新增 1 人就业,就有 2 人在消费品行业中找到工
19 作。在该例中,乘数为 3,即是说,总的就业增加量,是最初在建造房屋和供应房屋建材上新增就业量的 3 倍。

每周在房屋建造支出上每增加 1 英镑,在第一个循环中,失业救济金给付会减少 1/6 英镑,来自利润的储蓄会增加 1/6 英镑。我们假设失业救济金全部代表负储蓄。因此,在第一个循环,储蓄净增加了 1/3 英镑。第二个循环收入增加 2/3 英镑,使失业救济金给付减少 1/9 英镑,来自利润的储蓄增加 1/9 英镑,等等。于是,净储蓄的每周新增总额等于:

$$£\frac{1}{3}(1)+\frac{1}{3}\left(\frac{2}{3}\right)+\frac{1}{3}\left(\frac{4}{9}\right)+\cdots\cdots$$,总共每周 1 英镑。

因此,在房屋建设支出上每增加 1 英镑,储蓄也增加 1 英镑。

再举一个例子,假设工资也有一部分用于储蓄——比如说是 1/6(等于工资与救济金之间差额的 1/4);利润增量有一半用于储蓄。这样,收入系列变成为:

$$£1+\frac{1}{2}+\frac{1}{4}+\frac{1}{8}+\cdots\cdots$$,乘数为 2。

储蓄再一次与投资等量增长，因为此时储蓄系列变成为：

$$\pounds\frac{1}{2}(1)+\frac{1}{2}(\frac{1}{2})+\frac{1}{2}(\frac{1}{4})+\cdots\cdots$$，总数为1英镑。

与前面一样，我们再次看到，不管社会是心甘情愿、还是勉为其难地进行储蓄，储蓄率总是等于投资率。更强的储蓄意愿，会抑制收入增长，缩小乘数，但是不能增加由投资增长带来的储蓄。 20

乘数的大小

这样，我们就可以知道决定乘数大小的主要因素。利润增长带来的储蓄增加越少，乘数就越大（上面第一个例子中，储蓄增加是利润增量的1/3，第二个例子中是1/2）。由于工资会比利润更加充分地被花费掉，因此工资—利润之比越大（两个例子中都是一半对一半），乘数也会越大。当工人找到工作时，只有工资与失业救济金的差额，才是他的新增收入，因此救济金—工资之比越小（两个例子中都是1/3），乘数也就越大。

上面第一个例子中，我们假设全部工资都花费了，第二个例子中，有1/6储蓄起来。工资的储蓄，主要取决于那些家庭最近的经历。一个失业者要维持生计，一定程度上可能是依靠举债，或者动用以前的积蓄，或者典卖物品等。当他得到工作时，他会想着偿还债务，再次留起“压箱底”，以及赎回当物等。一段时间过后，债务还清，支出就会增加。这是我们不应该预期乘数值时时都一样的很多理由之一。乘数值会因投资增长当时的具体情况不同而异，即使投资率在一段时间内保持稳定，就业总量也会逐步改变。

21 这里还须考虑：失业救济金是从何而来的。在上述例子中，我们假设救济金完全通过借款筹措。如果一个失业者的救济金来自他人的收入，不管是通过征税还是赈济，当这些人不再需要向失业者援手的时候，他们很可能会增加自己的消费。因此，如果救济金通过税收筹措，一旦失业减少，这种税收就会减免，这时的乘数要大于完全通过借款筹措救济金时的乘数。

一国的乘数

至此，我们从世界整体的角度，讨论了乘数。如果我们只是对一个国家投资增加时国内就业的增长情况感兴趣的话，我们就必须考虑进口问题。当国内就业增加时，购买消费品的支出也增加；增加的支出，有一部分会落到国外生产的产品上，由国内投资引起的派生就业增长，也有一部分将在国外。如果新就业的建筑工人购买外国的靴子，那么，由剑桥的房屋建造引起的派生就业和派生利润，一部分就转移到捷克斯洛伐克，而不是在北安普敦[①]；当他购买一件衬衫时，一部分派生就业和利润可能到了供应生棉的美国。因此，单一国家的乘数，要小于整个世界的乘数。

特定国家在一定环境下的实际乘数值，是一个重要而令人关注的问题。该值可以用两种方法估计。一种是如上述例子所示
22（当然上例是高度简化的），合理推测工资—利润比、救济金—工资比、储蓄—利润比等等指标的大小，并算出适当的几何级数。另一

① Northampton，英国英格兰中部城市。——译者注

种方法，是研究资本品行业与所有行业的实际就业变化情况，找出它们之间的比例关系。这两种方法都已付诸运用，并且结果也相当一致。结果显示，在萧条时期，如 1931—1935 年的英国，乘数大约为 2，如我们所料，进口依赖度小很多的美国，乘数要大得多。

23 第四章　投资的变化

投资诱因

上面我们看到，投资率在决定各时期的就业和收入水平上，扮演了非常重要的角色。那么是什么决定投资率呢？我们还是先从整个世界的角度，考虑这个问题。而单一国家的投资问题，容后再说。

企业家取得资本品，是为了生产消费品或其他资本品，出售牟利。决定资本品需求的主要因素，是企业家预期的未来收益和现行的利率水平。如果一台机器的预期收益，按照成本的百分比测算，并考虑维护费用和风险问题，结果大于现行利率，那么，这种机器就会有市场需求，因为借钱购置是有利可图的。大体而言，厂商用自有资金购置机器时，考虑的原则也是如此。因为，如果你手头有一笔钱，要是放弃由放贷或持有证券即可获得的利息，而用这笔钱购置一台赚得更少的机器，那是愚不可及的。因此，投资率取决于预期收益与利率水平的相对关系。

24 换言之，现有资本品的价格，由预期收益和利率水平决定，只要资本品的生产成本不超过这个价格，就应该继续生产这种资本品。假设某个城市的某种房屋，每年租金可达 60 英镑，其中要有 10 英镑用于维修，以保持房屋一直完好无损。因此房屋的净收益是每年 50 英镑。如果利率为 5%，这幢房屋就值 1000 英镑；因为当 1000 英镑每年可以获得 50 英镑的利息时，没有人会付多于 1000 英镑，购买年收入为 50 英镑的东西；或是接受少于 1000 英镑，卖出这个东西。当利率为 6%时，这幢房屋值 833 英镑；当利率为 4%时，值 1250 英镑。如果这幢房屋的建造成本为 1000 英镑，当利率是 5%时，新建这样的房屋正好物有所值。如果利率是 6%，这样的房屋就不会再建造出来；如果利率是 4%，则建筑业会一片繁荣。因此，利率对于投资有极其重要的影响。至于利率由什么决定，后面的章节会再讨论。

预期收益

自然，对资本品未来收益的估计，基本上必是猜测的结果。如果由于某种原因，对资本品未来收益的预期变得更乐观了，投资就会增长。因此，未来景气状况的信心恢复，对于促进投资，具有非常重要的影响。这里，我们触及了私有经济体的不稳定性的一个根源：当期消费品的需求水平，是影响资本品预期收益率的重
要因素；而如上所述，资本品产出增长本身，又会增加对消费品 25
的需求；因此，经济活跃程度的任何上升或下降，都有自我放大的效应。

资本品的预期收益，还取决于现有的资本品存量。如果一场地震突然摧毁了城市的一部分，保留下来的房屋就变得更有价值，

建造新的房屋就变得有利可图。日常生活中也是同样的道理，只是程度较为轻微。如果衰退形势已如此严重，以致坏了的机器设备好像都不值得更新的话，总有一天，企业家会意识到，剩下来的旧设备已经变得更有价值，于是开始购置新设备。相反，随着资本积累，越来越多的设备用于生产人们需要的消费品，资本的收益率就会下降。

因此，投资有一种周期性变化的倾向。在衰退状态持续一段时间之后，投资就开始复苏。一旦投资开始增长，经济活跃水平就会上升，并点燃对于投资的未来收益的信心。上升趋势会持续地自我加强，直到资本积累压低了利润率。信心转为悲情，下降趋势形成，在经历一段时间之后，形势又会再度逆转。

如果人口持续增长，新发明不断涌现，新的贸易领域一再开拓出来，对资本品的需求就会不断扩大，不再遵循活跃程度的周期性起伏。在这种情况下，与人口和科技知识不变的状况相比，衰退会
26 轻微一些，回转也来得快一些。主要正是因此，十九世纪与当今相比，失业问题比较地不严重。在十九世纪，西方经济世界全面扩张，对新资本的需求增长总是一马当先，快于在后追赶的投资，预期收益从来没有下降得很低，或者很长时间地陷于低水平。

公共投资

很多投资，例如修缮道路、建造学校、增加通信设备、运动场所、煤气公司等等，都是由国家和地方政府承担的。这些投资不像私人投资一样，直接遵循利润的动机，也不一定追随相同的节奏。

其中一些，例如市政煤气公司，会有货币回报；但是另外一些，如休闲运动场所，是以服务社会为目的，本身的价值并不能直接体现为货币收入。还有一种特别的政府投资是军备供应。

由于人们在制造这些资本品时会得到收入，因此，所有这些投资都会对当期消费品需求产生直接的影响，这一点与追求利润的企业家所作的投资，性质上是完全一样的。一项投资方案对于就业的直接影响，与所生产的投资品是否有用、是否能够生利等，都没有关系。建造巴别塔时，很多人力投入了完全徒劳的事业，但是人们在从事这项活动时，必须吃，必须穿，他们会把报酬花费在消费品行业的当期产出上。因此在建塔的当时，消费品行业必定一 27
片繁荣，而当这个项目被遗弃之后，则会遭遇严重衰退。

当然，一般来说，人们总是希望，资本品行业的就业能够带来最大的利益，创造出有价值的资本品，以增加未来的财富，而不是浪费在愚蠢的项目上；但是，所生产资本品在未来的有用性，丝毫不会增加投资对就业的直接影响。这一点，正是公众一般不大能够理解的地方。人们在道义上很难接受：一项长期看来无用甚至有害的投资，在增加就业和收入方面却可能是有益的。但是不可否认，不管投资有用与否，当它增长时，就业也会增长。这种说法对于军备投资尤为适合。

当失业非常普遍时，政府进行一项投资，比如说修建铁路，成本（cost）就大大低于投在铁路上的实际支出（outlay）。因为当修建铁路、开采原材料的就业增加，迎合这些就业者新增支出的消费品行业也增加就业时，国家与地方政府在失业补贴上的负担就会减少。而且，随着经济活跃程度提高，税收收入会上升。收入越

高，所得税纳得越多，茶叶、啤酒、香烟等也会消费越多。不需要改变税率，财政收入就会丰裕起来。计算发现，即使考虑了派生就业
28 漏到海外的情况，总体上，公共项目支出大约有一半会直接返回政府。因此，如果一个项目需要资金比如说 1 亿英镑，政府只需要增加 5000 万英镑的借款。

从政府角度看，这一点本身就强烈支持政府在有人失业时，不断推出公共投资项目。假设利率为 3%。任何一个项目，只要能够取得初始成本的 1.5%的收益，不管是直接货币收入（例如公租房项目的租金收入），还是间接效益（例如拥有更优道路带来的好处），即便在商言商，也都是合理的投资。

这是个人利益和社会利益之间存在分歧的最显著例子之一。一个私人企业家如果决定投资，固然可以使其他企业家和政府受益，因为他的投资会增加收入、消费及税收。但是，私人企业家从自己的行动可为他人增加收入这一点上，是体会不到好处的，如果他借款的利率是 3%，那他必须看到至少 3%的投资回报率。因此，私人企业家不感兴趣的投资项目，政府可能有强烈的投资意愿。

事情还不是到此为止。如上所述，投资发生后，收入会增加到使新增储蓄等于新增投资的程度。因此，私人新增的财富总量，等于政府新增的借款，并作为永久财产一直持有。政府借款的利息，
29 只能由税收来支付，如果国家债务增加，税赋也必须增加，以支付更高的利息。但是整体而言，纳税人正好就是利息受益人。他们作为资本所有者的富有程度，与作为承担国家债务的纳税人的义务，正好等量增长。因此，除了征收新税必定会有的烦扰成本

(nuisance-cost)之外，整个社会并没有因为政府的额外借款而变得更糟(当然，如果国家债务非常之大，烦扰成本也可能变得很沉重)。即使产出的公共品完全是废物，也不会给整个社会造成任何损失；而当项目付诸实施时，社会将享受到更高水平的就业、收入与消费等好处。

换个角度看这个问题：当有失业的时候，资源是闲置的。把这些资源投入生产的唯一真实成本，是减少不受欢迎的闲置。而一国由公共项目投资带来的真实资本的任何增长，无论大小，都是纯收益；而且除了真实资本的永续收益之外，还有增加消费和减少困苦的临时收益——只要项目付诸实施，这些临时收益就随之而来。因此，在失业严重时，认为公共投资项目可能“浪费”的看法，是一种错觉。可以投资更好的项目却选择了愚蠢的项目，固然是一种浪费，但是即便投资愚蠢的项目，与什么都不做相比，也不是浪费。因为，如果什么都不做，资源会在闲置中浪费掉；不做事，当然也就没有东西可以留下来。

因此，当私人企业家没有进行足够的投资，不能提供较高就业
水平时，政府就有强烈的动机，增加公共项目投资。在 1929 年以 30
后的严重萧条时期，各国政府越来越多地按照这种观念行事。英国有点儿例外，总体上，英国政府任由自己受到与私人企业家相同情绪的影响——景气上升时，增加公共项目投资；失业增加时，又沉溺于所谓节俭。不过，世界各国政府都已经开始认识到，当私人投资下降时，他们可以通过增加公共项目投资，防止就业波动。因此，公共投资在某种程度上，就像是针对追求利润的私人投资波动的平衡码一样，相机而行。

营运资本与存货的投资

两种特殊的投资还须另行考虑，即营运资本的投资和商品存货的投资。产量增加，营运资本即生产过程中的商品价值一定增加。一旦产量稳定在一个新的更高水平时，营运资本的投资就会停止。当你开始灌香肠时，你首先要从灌肠机后面放一些肉进去，几分钟之内，你转动把手，不会有香肠从前面出来。这期间，机器里的肉越来越多。一段时间之后，你从后面把肉放进去，香肠开始以相同的速度从前面出来，机器里的肉不再增加。同样，当你决定不灌时，在你已经不再从后面放肉进去之后的一段时间内，香肠还
31 会继续从前面出来，这期间，机器里的肉越来越少，直到最后机器清空。

行业产出速度的任何变化，都会引起营运资本的投资或减资，营运资本投资对就业的影响，与一般资本品投资对就业的影响是一样的。在商品可以上架销售之前，工人先得到工资以着手生产，这时，他们用所得工资购买原来已有的商品。因此，在增加产出的决策做出之后，一段时间内，会形成一种特殊类型的投资。这也是为什么任何促进产出增长的因素，都会自我放大到一定程度的重要原因。

另一方面，商品存货投资，更像是充当了其他投资的平衡码。当需求下降时，商人们可能会囤积不易变质的商品存货，如小麦或五金，而不是亏本甩卖。这样，暂时增加的存货投资，就部分抵消了耐用资本品和营运资本上的投资减少。同样，随着景气开始复

苏，商品由库存转为发售，这时，库存下降，购买消费品支出一定幅度的增长所带来新生产消费品的产出率，相对要增长得小一些。

在产出由于其他原因发生变化的过程中，营运资本变化和存货变化就会发挥作用。这两种变化可能相当重要，但其本身不大可能引起经济活跃程度的变化。

32 # 第五章　节俭的变化

节俭表

我们已经看到，储蓄意愿的变化，不能改变整个社会的实际储蓄量，因为，实际储蓄率取决于投资率。但是，储蓄意愿对收入水平有重要影响。如果我决定每周比以前多储蓄 1 英镑，为我提供服务的店家和厂商，每周就会比以前少收入 1 英镑。因此，他们必定减少储蓄或者消费。一旦他们减少消费，其他人的收入也会减少，并这样一圈一圈波及出去。因此，我的支出每周减少 1 英镑，会引起收入下降到一定程度，使其他人的储蓄也每周减少 1 英镑。如果乘数是 3，我的支出每周减少 1 英镑，会引起收入每周下降 3 英镑。一年之后，我的财富增加了 52 英镑，但其他人的财富比我没有作此储蓄时减少了 52 英镑。因此总体而言，财富没有增加，收入却减少了。

简言之，投资率决定储蓄率，给定投资率，储蓄意愿决定收入水平。我们以社会的储蓄意愿即节俭，来表示每个收入水平上决
33 定储蓄多少的各种因素的综合。个人的节俭，以他在每个收入水平上想要储蓄的量的清单表示；社会的节俭，以每个总收入水平对

应的总储蓄表示。就英国而言，节俭表的一个小片段类似这样：

百万英镑	
收入	储蓄
4300	280
4600	420
4800	550

给定节俭表，收入水平取决于投资率。因此，在该例中，如果每年完成投资 4.2 亿英镑，每年的收入就会是 46 亿英镑。如果投资较少，收入会下降，反之则上升。收入总是处于使储蓄率等于投资率的水平上。

股票交易的影响

节俭的变化可能伴随着经济景气的起伏。对未来的信心增强，不仅会使企业家扩大投资，还会使个人增加消费，就好像随着天气转好，对下雨的担心也会变小一样。

信心之所以与消费相关，有一个特别的理由。当景气上升时，
各个行业的前景都变得更加光明，人们对相同资产的评价也会更 34
高，因为大家对这些资产的未来收益与股息支付能力更有信心了。简言之，股票交易会出现繁荣。碰巧在繁荣开始之前购买了一些股份的个人，现在发现这些股票升值了，即是说，如果他现在卖出，所得会大于以前之所支付。他可能并不想出手，但是，可以高价卖出的事实，已经足以让他飘飘然，感觉自己很富有。因此，他就不再那么严厉地节制各种消费支出，储蓄率也就下降了。

最初的股票交易繁荣，是预期收益增长的结果；预期收益增长，既是投资增长的结果，又会进一步促进投资增长。除此之外，股票交易繁荣还会促进消费增长。因此，在投资增长的同时，对应于一定投资而言，消费也会增长。随着经济活跃程度上升，就业和利润都会自行扩大。在终结于 1929 年的华尔街大繁荣中，这种现象就起了很重要的作用。每当股票交易价格明显上升时，这种现象都可能在温和地起作用。

预算赤字

预算赤字代表了节俭减少的一种特殊形式。如果国家在公务员薪金、承包商佣金等方面的支出，超过了税收收入，并通过发行国库券或其他增加公众借款的方式弥补差额，那么，这时国家的处
35 境，就如同个人在当期消费上的支出超过收入，并以动用以往积累或举债的方式填补缺口一样。简言之，国家在负储蓄。结果是收入与支出全面增长。假设国家的支出保持不变，税赋减轻。这时，纳税人的新增净收入，有一部分会被花掉；这部分额外花费又会增加产品供给者的收入。同样，供给者的额外收入又有一部分会被花掉，如此等等。与投资的情况一样，额外支出会使收入增长到某个水平，使得公众由此新增的储蓄，正好等于政府的借款。

我们常常发现，人们不大相信预算赤字有利于经济景气的观点；但是自 1929 年爆发大萧条以来，这一点对各国政府来说，已经成为显而易见的事实。特别在英国，过去大家普遍认为，预算赤字打击了企业家的信心，因此对就业的间接伤害，要甚于直接好处。

但这只不过是“想当然”而已。现在我们发现，如果伴有恰当的宣传，预算赤字可以产生非常有利的影响。

单单“赤字有利于景气”这一点，还不足以支持要有赤字的想法，因为改善经济景气可能还有其他更好的方法。不过，当经济景气很差时，预算出现一些问题是情有可原的。税收没有预期的那么多，而与失业有关的开支增加，政府被迫举债，以应付当前的支出。这样做有其效应，即防止就业如同在预算保持平衡时那样快速地下滑。

收入不平等 36

一定量总收入在个人之间的分配状况，对社会节俭程度有重要影响。一般来说，收入分配越不平等，社会的节俭程度就越高。如果一个年收入 1 万英镑的人，每年收入减少 100 英镑，他不会大幅度改变自己的生活水准，但会减少储蓄。如果这 100 英镑给了另一个原来年收入 150 英镑的人，他必定会把这笔额外收入几乎全部用于提高生活水准。因此，两人合在一起，总收入 10150 英镑，收入转移会增加其中用于消费的量。上面我们已经看到这个原理在决定乘数大小上所起的作用：我们发现，给定收入增量，如果较多属于利润，较少属于工资，就会使储蓄增加更多。

一般的储蓄心理，取决于家庭影响、审慎程度、自我克制等等，是不会改变的，如果我们采取措施降低收入不平等，节俭程度就会下降。假设税收体制变化，社会上最富裕的那批人支付更多税金，最贫穷的那批人支付更少税金。这样，最富裕阶层的净收入就下降了。他们会一定程度地削减支出，但削减的程度不会是新增税负的全部。另一方面，最贫穷阶层的净收入增加，会几乎完全用于增加消费。于是，给定总收入中的储蓄量会减少，但增加支出会提高总收入，实际储蓄量并不比以前少。

37 人们有时认为，收入不平等有利于节俭这一点，证明了不平等的合理性，而向富人征税以救济穷人是非常危险的，因为这样会断送资本积累的来源。这种论点即使就事论事，也很难令人信服。养肥一些人，以致储蓄对他们来说已经毫不费力——以这种方法促成储蓄是非常不经济的。如果坚持认为高收入的合理性在于有一部分收入会被储蓄起来，那么，为富人提供奢侈的生活标准的全部耗费，必须被看作是彻头彻尾的浪费。而且，我们没有理由认定，由收入不平等带来的节俭程度，就符合社会的储蓄意愿。就一个人来说，通过现在忍饥挨饿，损害健康，为未来积累财富，是愚蠢透顶的事情；同样，我们很难认为，目前情况下，对社会上最贫穷的那些人来说，更快的资本积累，就优于较高的生活水平。

一旦我们认识到，更大程度的节俭本身并不能增加资本积累，那么，试图以“有利于节俭”为由为不平等辩护，就完全失去了理据。

节俭作为社会美德

节俭不会带来投资，但是，使投资成为可能的的确是节俭。在可得资源给定的前提下，产出扩张总有一个上限。人们越是节俭，
38 越不喜欢消费，则在当期消费之后，就有越多的资源会留下来，这

些资源就可用于投资（这里假设，我们有机会把人员、土地和机器从一种用途转移、转换到另一种用途）。当投资的动机很弱时，资源会在闲置中浪费，这时我们倾向于认为，节俭下降对社会有利。如果这些资源没有用于未来的资本积累，那我们至少可以在当下享用它们带来的果实。但是，当投资动机很强时，问题就完全不同了。当投资率逼近可得资源的限度，所有工人都已充分就业时，除非减少消费，否则，投资率不可能进一步增长。这种情况下，要增加消费，只能靠压缩投资来实现，而不是把闲置资源利用起来即可。

在扩张年代，有利可图的投资机会比比皆是。这时，节俭不会引起失业，反而会带来投资，所有由于资本品积累而形成的新增财富，如房屋、道路、机器等，都属于节俭的有益影响。这种对于节俭的看法，深刻影响了传统的经济学教学，影响了一些经济学者——正如上述，这些学者还在寻求证明收入分配不平等的合理性，原因是不平等促进节俭。

现如今，失业问题充斥着我们的头脑，即使繁荣崭露头角，讨
论也会马上转向“在接下来的衰退中会发生什么”的问题。这时，
关于节俭有利投资的观点就显得自相矛盾，甚至有害。但在其他
环境中，节俭却是社会美德。在战争年代，所有从私人消费中释放 39
出来的资源，马上被投入军用；在苏联，对新资本品的需求永不餍
足；甚至在铁路建设吸纳了大量新资本的时候，对于社会而言，当
期消费和未来财富（或战争需要）之间的抉择，一定程度上也是实
实在在的。每一个在为当期消费服务的人，都不能对新的投资，或
者战争需要等有所贡献。

这些例子点出了两种体制的差别：一种是节制创造真实财富的理想体制，另一种是我们熟悉的体制——其中，节约产生浪费，稳当的财务导致破产。但这些例子也提醒我们，对于“节俭是第一经济美德”的传统观点，也不可认为它一无是处。

第六章　想象的失业救济方法 40

改变工资

我们已经看到，投资增长，或者节俭下降，就业即会增加。两者划分了整个疆域。除了效率下降（意味着一定产出需要更多劳动力）之外，任何增加就业的影响因素，都可以分解为投资增长，或者节俭下降。

有时人们认为，提高工资也是增加就业的一种方法。如果企业家同意给工人支付更高工资，对商品的货币需求就会增长，因此，经济活跃程度和产出水平都会上升。但是，这种需求增长，仅仅是抵消了由更高工资引起的生产成本上升。购买相同商品，现在需要更多的货币支出；因此货币收入增加，不是实际购买力增长。仅仅提高工资，并没有救治失业的一般效果。

相反的观点也很常见，即认为：如果降低工资，成本会下降，这时企业家会发现，生产更多是有利可图的。但是，货币收入与成本同等下降，对商品的货币需求会相应减少。某个企业家，通过削减
他给付的工资，固然可以增加利润，但是同时，他减少了其他企业 41
家的收入，如果其他企业家也都削减工资，那就没有谁能够得利。

这就好比，一伙人中如果有一个人站在凳子上，他可以看得更远，如果大家都站在凳子上，就没有人能够扩大视野了。

货币工资变化，还会产生很多棘手的反应，这些反应可能在一定程度上导致就业增加或者减少。但是，除了下面即将讨论的利率上的反应之外，货币工资变化不大可能引起就业大起大落。

垄　　断

在严重萧条时期，为了保持一些行业的产品价格，防止利润完全流失，人们广泛采用限制性方案。需求的猛烈下降，使企业家陷入绝望的境地；任何团体，只要能够走到一起并同意集体行动，削减产量，就可以在普遍的灾难中减少一些自身损失。通过维持自己产品的价格，通过比竞争状态下更多地解雇工人，企业家以损害消费者和工人为代价，保护了自己的利益。由于他们使消费者和工人变得贫穷，减少了对其他企业家的商品需求，他们也损害了其他企业家的利益。就整个企业家阶层而言，这些做法并不能给他们带来多少好处，但是，某一个团体，以损害其他团体为代价，确实可以自谋其利。

因此，萧条时期自然而然会催生出一大堆措施，如配额制度、
42 企业并购、价格操纵协议，乃至关闭生产车间、销毁物资库存等方案。奇怪的是，这些垄断实践的发展，常常是被当作失业救助措施而得到支持的。这种观点通过混淆问题的症状和起因，使自己显得有些合理。当萧条到来时，利润会下降，因此这种观点认为，任何事情，只要有助于提高利润，就有助于摆脱萧条。并且它要我们

相信，解雇工人、关闭工厂等，竟是增加就业的方法。如果要把这种观点中令人困惑的悖论全部梳理一遍，去芜存菁，挑出绝无仅有的一点真理来，实在离题太远了，我们必须满足于根据常识，简单处理这个问题，即：经济物品的短缺（scarcity）（无论天然的还是人造的），只有以损害社会其他群体为代价，才能使一个群体得利；整个社会的繁荣程度，不能通过限制活动、销毁资源来提高。

劳动力的流动性

人们经常把大量失业归因于“摩擦”，即阻碍工人从某一职业或地区，轻松转移到另一职业或地区的因素，因此，失业救助应该求诸加强培训、提供转移便利等等。当经济活跃程度很高时，这些方案确实不失为失业救助方法。它们有助于降低最低失业水平——这个水平是即便在最佳时期也会保有的。但是当失业很严峻时，这些方案可能也没什么用。只有当一些地方有空缺岗位，另一些地方有闲置人员时，劳动力缺乏流动性才可以说是失业的原因。如果每个行业、每个地区都有自己的失业人群，那么，把人员 43
从一处转移到另一处，并不会有什么收获（除非是想在最差劲和最不差劲的地区之间做一些平衡）。

缺乏流动性本身，主要是高失业率导致的。当一个工人不能确信可以在某个地区、某个行业找到工作时，他就没有动机迁移到新的地方，或者学习新的行业。提高流动性的方案当然是好的，但是，没有什么流动性救助方法那么有效，可以促进繁荣。

有时，一些失业被归因于相关人员“不能被雇佣”（unemployability），这与工人的流动性一样，主要也是程度问题。效率低、不可靠，或者有强烈政治信念的特定人群，将遭受比平均水平高的失业率，当普遍的经济活跃水平较低时，他们就会被贴上“不能被雇佣”的标签。而当景气开始复苏时，雇主关于效率、顺从的标准一定降低；当繁荣程度很高时，雇主更是愿意雇佣任何可能雇到的工人。因此，“不能被雇佣”就像无流动性一样，当市场对劳动力的需求足够大时，都会销声匿迹。

减少劳动供给

还有一类失业救助办法，并不涉及景气活跃程度的上升。例如，通过增加就学年限、限制已婚妇女就业等，可以把一些工人隔离在劳动力市场之外。但是，这样做仅仅是把一些人从劳动力的
44 范畴中排除掉，从而在没有增加就业的情况下，减少失业。或者，也可以减少劳动时间。这样可以把一定的劳动量分派给更多的个人。尽管这样做可以增加受雇人数，但把它看作就业增长也不恰当，因为这样不会增加劳动量。这些五花八门的政策，可以看作是减轻失业不利影响的方法，它们可能有可取之处，但是无助于纠正生产资料未充分利用带来的潜在实际收入与财富的浪费。

第七章　物价 45

物价变化

上面我们讨论了影响产出水平的因素，现在我们要考虑物价水平问题。一般物价水平变化，可能是三组不同因素的结果：第一，物价伴随着经济活跃程度一起变化。任何时候都存在一定数量的生产设备，如工厂、田地、农场、机器、轮船、车辆等，当需求扩张时，通过以相同的生产设备雇佣更多劳动力，产出会增加。这时，在很多生产领域(尽管不一定是全部)，相同设备的产出率提高，但人均产出下降。如果人均工资不变，当人均产出下降时，产出的平均成本就上升。这样，除非物价上涨，否则企业家不会生产更多；因此，一般物价水平上涨，常常随经济活跃程度的提高而发生。

第二，一定经济活跃程度下，货币工资变化，改变物价水平。现实中，货币工资的变化可能是经济活跃程度变化的结果，但反过来，也可能是投资变化的原因(特别是像我们将要看到的，通过利率变化改变投资)，或节俭变化的原因，从而导致经济活跃程度改变。而且，所有行业的工资变化正好都一样的情况从来没有出现过，当不同行业的相对工资发生改变时，很多问题就出来了。46

不过可以看到，如果所有工资同等变化，而经济活跃程度不变的话，一定会引起物价相同比例的变化。

一个行业使用的原材料和资本品，正是另一个行业的产成品，对于整个世界的全部行业总体而言，生产成本(除了利率变化之外)取决于工资。我们假设，所有行业的货币工资都上涨10%。那么，给定产量的成本也上涨10%，物价一定也上涨10%(除非有什么事情发生，改变了产量)。由于收入和成本同比例上涨，利润也会上升相同比例。但是，由于物价已经上升了相同比例，无论实际工资还是实际利润，其实都没有变化。

渴望改善生活水准的工人要求提高工资，担心利润下降的雇主不希望工资上涨。而对于全方位的变化结果，工人和雇主都会有一部分人感到高兴，一部分人不高兴。经验同样不能说明，努力是徒劳的。因为进行工资谈判的，总是特定的工人群体和雇主群体；当一个群体脱离一般的变化时，他们就会遭受损失，或者由于他人的损失而得到好处。

第三种物价变化，来自生产效率的变化。随着时间流逝，人们积累了资本品，引进了新技术，人均产量增长，如果货币工资不变，
47 对应于一定产量的物价水平就会有下降的趋势。经过几代人的时间，根据货币工资上涨比起效率提高是更多还是更少之不同，一般物价水平会上升或者下降。

物价与景气状况

大家知道，物价上涨，通常随着景气上升而发生。现在我们可

以看一看这是怎么一回事。经济活跃程度提高，带来第一种类型的物价上涨；随之而来的失业率下降，可能引起第二种类型的物价上涨，即货币工资上升。

货币工资水平由雇主与工人讨价还价决定。讨价还价的力量又取决于各种因素，在不同国家之间、世代之间差别很大。例如，十九世纪后半叶，英国工会组织的势力有显著增长。但无论如何，工人与雇主之间一般的情况可能是：当景气活跃，失业率低时，天平倾向工人一边；当失业形势严峻时，则倾向雇主一边。因此，在形势好的时候，工资上涨；形势不好的时候，工资下跌。

公众已经习以为常地认为，当景气好转时，物价会上涨，因此大家普遍说："提高物价有利于经济景气。"但这是看待问题的非常含糊的方法。上述第一种类型中，物价上涨是因为需求增长，它是需求增长的表现，而不是原因。景气不会因为物价上涨而受到刺激，但是物价会因为景气受刺激而上涨。

物价上涨并不能衡量景气好转的程度。如果供给富有弹性 48
（这可能是因为，复苏开始之前有很多过剩的工厂，因此在就业增加时，人均产出下降很少），那么，产出大量增加，伴随的物价上涨就很有限。物价没有大幅上涨，完全是好事。在景气由衰退进入复苏的初期，物价通常上升很少；只有当失业大幅下降，工厂接近满负荷运转时，物价才会急剧上涨。

第二种物价上涨，是因为失业率下降，增强了工人的谈判地位，进而提高货币工资所导致的。这种物价上涨不是景气好转的表现，而是它的间接后果，就像我们后面将要说的，如果物价没有因此而上涨，复苏更有可能持续下去。

同样，物价下降，还可能是因为需求下降，或者工资削减，或者资本品积累、生产工艺改良等原因。第一种情况下，物价下降是景气不好的表现，而非原因。第二种情况下，物价下降是景气不好的间接后果，因为当失业盛行时，工资会下降。最后一种情况下，物价下降是效率改进的表现。

实际工资

第二个众所周知的现象是，当景气好转时，实际工资——即一个人用他的工资能够买到的商品——会减少。据说，工资上涨跟

49 不上物价：当景气好转导致生活成本上升时，货币工资上涨没有那么快，不足以抵消物价上涨，因此实际工资下降。现在我们可以看一看，情况为什么一定是这样的。最初的需求增长，提高了物价之于货币工资的相对水平，而工资每上涨一点，都会带来物价的进一步等量增长；因此物价上涨总是跑在工资前面，就像地平线总是在旅行者前面可望而不可即一样。

任何一个工人群体，如果工资上涨比其他群体快，就可以得到好处，因为他们的货币收入上涨，要快于其他工人生产的商品价格。但是，他们生产的商品价格上涨，要快于其他工人的货币收入，所有工人加总起来看，还是经济活跃程度上升，实际工资下降。

利率与物价

另一个周知的现象，是银行利率变化与物价变化的关系。银

行当局的实践经验表明，如果他们想要降低物价（当局可能由于与外汇相关的原因而被要求这么做，后面我们将要讨论），最好的办法是抬高利率。现在我们可以看一看，这项政策是如何实现目标的。如上所述，投资计划是根据预期收益与利率的比较做出的，当利率上升时，一些投资计划，原本在较低利率水平上是赚钱的，现在变得无利可图了。一旦利率上升被大家意识到，房屋、轮船、机器等等的产出就开始下降。人们陷入失业，乘数开始起效，景气进入下行通道，各行业的产出与收入并头向下。由于经济活跃程度 50
减弱，物价也降低。

这是利率上升的第一阶段影响，这个阶段是痛苦的。经过新的薪酬谈判，由于失业水平较高，工人（可能在罢工失败之后）被迫接受较低的货币工资。货币工资下降，是利率上升的第二阶段影响。如果工资下降带来的物价下行，已经满足当局的意图，这时利率可以再次压低，经济活跃程度可以恢复起来。

当工会很强大时，工资可能无法降低，经济体可能常年在银行利率政策效应的第一阶段中煎熬。而且，即便工资下降，下降的程度在各行业之间也往往很不平衡。一些行业工人最经不起裁员，谈判能力最弱，工资就会被削减最多。因此，这种强制压低物价的政策，即使最终成功，也会带来很多损失、痛苦和社会不公。

改变物价的利弊

现在我们可以看一看，改变经济活跃程度、改变物价对社会各阶层的影响。第一印象，我们可能会说，景气好转应是每个人之所乐见，其实并非如此。经济活跃程度提高，导致物价上涨，就业增加，实际工资下降和利润增长。原来失业的工人现在处境是变好了，但那些原来既已就业的工人，却因实际工资下降而受到损害。
51 很多人会因为安全感增强而获益，但是，一个在衰退期内也无失业之虞的人，可能在景气衰退时境况更好，复苏时反而变糟。因此，即便针对工人而言，景气复苏也不尽是好事。

复苏中的主要受害者，还是固定收入阶层。很多契约，例如薪金，公司债券和政府借款的利息等，都是以货币形式固定的。收入以货币形式固定的人，在衰退状况下处境会更好一些——只要衰退不至严重到使债务人违约。唯一没有理由抱怨景气复苏的，是企业家，复苏时他们的总收入增长，而成本大部分以货币形式固定了。

货币工资上升，如上所述，对整个工人群体而言是中性的，但它进一步损害了固定收入阶层的实际收入，而企业家从债权人的损失中获益。如果厂商的收入增长，而它的债券利率不变，普通股东的收益，就会以比总收入更大的幅度上升；由于总收入与物价是同幅上升的，因此股东的实际收益提高了。

总而言之：作为景气好转表现的物价上涨，对于工人利害参半，因为这种物价上涨同时伴随着就业增长和实际工资下降。由货币工资上升引起的物价上涨，本身对工人而言是中性的。而无论哪种物价上涨，对企业家都有利，对固定收入阶层都有害。经济活跃程度提高，不仅直接导致物价上涨，还可能带动货币工资上升，因此，那些收入以货币形式固定下来的人们畏惧景气繁荣，是合情合理的。

第八章　利率 52

利息的本质

我们已经看到，利率对就业水平有非常重要的影响，因为它会影响到企业家关于应该在新资本品上投资多少的决策。现在我们要讨论，决定利率的是什么。

利息是为了借款——即获得货币在一定时期内的使用权——而做出的支付。涉及利息的交易，本质是一方放弃货币，换取另一方出具的借据。贷款人获得一份代表受偿权利的借据，借款人获得货币的即期使用权。借款人除了最终偿还全部借款本金之外，还须付给贷款人报酬，因为如其不然，贷款人（除非是慈善机构）就不愿意放弃对自有货币的控制，而且贷款人还承担了风险，即借款人（由于使坏或仅是运气不佳）在债务到期时可能违约的风险。这个额外支付的报酬，就是借款利息。借款人的动机，是他可以用这些钱购置资本品，他预计，这些资本品至少可以获得等于利息成本的收益（或者，在私人借款的情况下，也可能是因为他现在对货币的需要，甚于预计未来对货币的需要）。贷款人的动机，则是获得利息。所有涉及利息的交易，无论是固定金额的形式，还是利润分 53

成的形式，都可以简化为这种简单模式。

借据（债券、股票等）可以转手，市场利率就反映在证券的收益与售价的关系上。证券价格下跌，意味着利率上升；证券价格见涨，意味着利率下降。

假设一种政府债券的发行条件是：认购 100 英镑，每年收益 3 英镑。如果这种代表 100 英镑的债券，最初按照面值认购，就意味着利率是 3%。如果以 150 英镑认购，利率就是 2%；如果以 80 英镑认购，利率就是 3.75%。

当这种政府债券卖 100 英镑时，一份预期可以获得 3 英镑股息的股票，售价通常会低于 100 英镑，因为政府债券更安全。没有人愿意持有风险较大的证券，除非它的收益比风险较小的证券要高。不过，下面我们将不再讨论不同证券的相对收益的各种复杂问题，我们谈到利率，就是指所有证券利率的综合。

货币的需求

任何拥有货币的人，只要他选择借出，就可以获得利息。于是问题来了：既然如此，为什么人们还要持有货币？这个问题乍听起来好像有点奇怪。我们不是都愿意拥有更多货币吗？但我们真正
54 想要的，是更多收入，或更多财富。现在摆在我们面前的问题，不是一个人以货币计量的收入水平，或者由以往储蓄、遗产继承等得到的全部财富的问题，而是关于他持有这些财富的方式问题。当一个人可以通过借出财富、获得更高利息时，为什么还要以现金或银行活期存款形式（没有利息），或者定期存款形式（利息很低），持

有部分财富呢？

持有货币，一个原因是由通常的支付习惯自然而然引起。很多人都是间隔一段时间才拿到收入，但支付无日不有。另一方面，小商小贩与公交公司等，每天都有进账，但间隔较长一段时间才对外付款。在任一时刻，个人马上就要付给别人的金额，即以货币形式持有；这些金额在动用之前，在那么短暂的时间内，不值得贷出取息。

因为这个原因而需要的货币数量，部分取决于获得收入的时间间隔。假设一个人每年收入 365 英镑，全部用于当期消费，并且稳定地每天消费 1 英镑。如果他的收入是按周给付，那么他平均每天至少持有现金 3.5 英镑（每周第一天是 7 英镑，最后是 0）。如果他的收入是按季给付，那么他平均每天至少持有现金 45.5 英镑；如果按年给付，则是 182.5 英镑。因此，人们需要的作为方便余额（convenience balances）的货币量，随他们获得收入的方式而改变。如果决定支付的间隔时间的各种习惯都已给定，那么，方便余额的需求量将取决于收入水平。通常，货币收入提高，人们想要 55
持有的货币量就会自动增加。我们将会看到，这个事实非常重要。

个人持有货币，还可能是因为另一个原因：他们只有少量财富，以致认为不值得贷出取息。假设上面那个每周收入 7 英镑并全部花掉的人，还拥有以前积蓄下来的 5 英镑，继续作为储备金保留着。他的平均货币持有量就是 8.5 英镑。同样，拥有更多财富的个人，可能喜欢有一定金额以方便支取的形式保存，比如说放在银行账户里，以备不时之需。就整个社会而言，很多由于这些原因而以货币形式持有的少量金额，加总在一起，就非常可观了。

持有更大金额的，可能是这样一些财富所有者：他们暂时不买付息的有价证券，因为预期这些证券马上要跌价，即市场利率马上会上升。如果所有财富所有者都信心满满地预期利率上升，都急于以现价卖出证券，那么证券价格就会应声而跌，直到大家预期不会再进一步下跌，从而没有人想要更多地持有货币为止。但是，财富所有者的看法总是彼此不同，一些人认为证券价格会进一步下跌，从而继续持有货币；另一些人认为不会再下跌，也不肯卖出手头的证券。而且，没有人能够永远完全确信：自己关于未来可能发生什么的最佳猜测，真的就是正确的猜测。很多人之所以以货币形式持有部分财富，就是因为他们可以肯定：这部分财富的价值，
56 如果用货币衡量，一定是不会改变的。

货币需求与利率

由于以上种种原因，人们总是想持有一定数量的货币，而放弃可以获得的利息。但在其他条件相同的情况下，利率越高，人们想持有的货币就越少，因为利息代表了持有货币的损失。由拥有货币而得到的便利和安全感，与贷出货币获得的利息相权衡，贷出货币的收益越大，人们想持有的货币量就越少。

我们所说的货币量，包括现金、票据和银行存款的数量。任何时候，个人都持有一些现金、票据，或者名下拥有存款。他们拥有的所有这些数量的总和，就是总的货币量。某个时点上，为弥合收付之间的时间空档，作为方便余额持有的存款，通常称作活跃存款(active deposits)，因为当人们做出支付时，它们可以很快地由一

个人让渡给另一个人。另一种存款,被当作持有累积财富的、不同于有价证券的另一形式,称作闲置存款(inactive)。尽管可能还有人喜欢在壁炉角里存放一些钱财,但通常说来,票据和现金几乎全部属于活跃通货。一般来说,人们想要持有的活跃存款量,不会受到利率的太大影响,除非利率很高,可能诱使人们一定程度地节省方便余额。利率对于人们想要持有的货币数量的主要影响,还是在闲置余额的数量上。

任何时候,都存在一定数量的货币(票据、现金和银行存款), 57
所有这些货币一定属于某人所有。从一个时点到另一个时点,利率必须调整到这样一个水平:人们想要持有的货币加在一起,正好等于现实中存有的货币量。因为,如果利率高于该水平,一些货币所有者就会急于用货币购买有价证券,以便获得利息。这种购买证券的欲望,会推高证券价格,降低利率,一直到货币所有者不再想要购买证券为止。同样,一旦利率偏低,人们想要持有的货币量超过了当时的实际数量,他们就会急于卖出有价证券,利率就上升。因此,给定现有的财富总量、一般的收入水平,以及关于未来的预期心理等,不同时期的利率就取决于货币数量。当你阅读至此,就在当下(除非不是工作时间),今天的利率正在被决定,正在调整到这样一个水平:拥有证券的人们没有谁想要卖出证券,拥有货币的人们也没有谁想要买入证券。

货币的供给

反过来,货币数量又取决于在一定法律与习惯规则的框架内活动的银行体系。在现代社会中，货币供给最重要的部分是银行存款；控制货币数量，是通过银行活动来实现的。

在英国，银行的“现款”和其他资产保持一定比例（大约1:9）。
58 “现款”(cash)包括银行抽屉里的票据(notes)和现金(coins)，以及在英格兰银行的存款——后者也被视为等同于真实现款。银行的其他资产包括单据(bills)、预付款(advances)以及有价证券(securities)等。这些都代表了不同种类的银行贷款，由于彼此之间没有原则性的差别，我们可以简单地把它们混同在有价证券的名下。有价证券有利息，现款没有。因此，银行不想持有多余的现款；也不想现款的比例，下降到低于习惯上认为安全和适度的水平。

银行保留严格的现款比例的习惯，使英格兰银行得以控制银行存款总量。我们来看一看这是怎么实现的。当英格兰银行想要增加存款、压低利率时，它就在公开市场上买入证券。假设张三卖出了价值100英镑的金边证券，并从英格兰银行那里得到100英镑。他把这100英镑存入自己的银行账户。这家银行发现，自己的客户存款总额增加了100英镑，资产也增加了100英镑的现款——即在英格兰银行的存款。为了防止自己的现款比例上升到不必要的高度，银行会从这100英镑中拿出90英镑购买证券，从而使现款与其他资产的比例恢复到1:9的惯例水平。但是，这家银行以这种方式用掉的90英镑，现在变成了其他银行账户上的新增存款和新增现款（有一部分可能返回到同一家银行）——这些银行又会相应购买81英镑的证券。如此循环反复，直到英格兰银行最初向张三购买的100英镑证券，带来存款总额增加

1000 英镑，相应地，银行增持 100 英镑现款和 900 英镑证券。59
现在，公众持有的存款比以前增加了 1000 英镑，银行（包括英格兰银行）持有的证券也增加了 1000 英镑。因此，英格兰银行每购买 100 英镑证券，整个银行体系就会购买 1000 英镑证券。

银行购买证券，会抬高证券价格（从而降低市场利率），直到公众愿意以这个价格卖出证券，代之以持有存款。英格兰银行促成银行存款总量增加的能力，使它能够如愿地降低利率水平。相反的操作——在公开市场卖出证券，迫使银行减少存款，可以在想要提高利率时加以运用。除了这些“公开市场操作”的控制之外，还有对英格兰银行利率的直接控制——该利率与由英格兰银行政策决定的一般综合利率的变动，保持一致。

当然，英格兰银行的行动也非绝对自由。在金本位制下，它必须约束自己的操作，以维持适当的黄金储备；即使没有金本位制，也需要考虑国际汇兑的稳定性。这个问题将在下一章讨论。

在其他大多数国家的银行体系中，中央银行的控制并没有像英国一样很好地建立起来，但是在所有国家，原则都是一样的，尽管展现出来的形式有所不同。每种情况下，都是整个银行体系决定存款总额，并通过买卖证券，增加或减少公众持有的存款总额，
以降低或提高利率。因此，在法律或习惯的职责范围内，银行体系 60
可以通过调节货币数量，控制利率水平。

银行通常只是直接作用于短期利率，但是，如果一种证券的收益率下降，人们就会卖出这种证券，买入其他证券，从而，价格上升和收益率下降会传递到所有证券，直到整个综合利率都受到影响。

货币需求的变化

如果银行当局想要保持利率不变，他们必须调节货币数量，以适应货币需求的变化。首先，年复一年的投资带来的财富总量的逐步增长，会相应增加人们想要持有的货币数量。因此，如果要防止利率上升，货币数量也须与时俱进地逐步增加。

其次，景气活跃程度的变化，影响货币需求。当景气更加活跃、就业更多时，人们因为活跃的流通而需要的货币量也会增加。类似地，货币工资与物价上涨，也增加货币需求。因此，当景气变好或工资上涨时，除非货币数量增加，否则利率就会上升。

最后，财富所有者对未来的信心状况发生变化，也会改变他们在一定的利率水平下，愿意以货币形式持有的、用以获得安全感的财富数量。因此，如果信心颠覆，导致货币需求增长，这时为了防止利率上升，货币数量也须增加。

61 这里我们发现了“窖藏”的真正重要之处，即：持有货币而非证券的意愿上升，会抬高利率，降低经济活跃程度。不过，这一点与储蓄意愿上升直接导致的经济活跃程度下降之间，并无联系。

利率的变化

现在我们可以看一看，利率变化的各种因果因素是如何相互影响的。假设英格兰银行在公开市场上买入证券，其他银行以通常的方式做出反应，从而带来存款总量增长。刚开始的时候，总财富、收入水平或者信心状况等都没有变化，只是银行持有更多证券，公众放弃证券而持有存款。这时利率会被压低，直到公众愿意持有新增的存款为止，比如说，从4%下降到3.5%。

在利率连续数月处于3.5%的水平之后，一些投资计划开始付诸实施——这些计划在利率为4%时是不会实施的，但在利率为3.5%时变得有利可图。人们被招募从事建筑及其他工作，经济活跃程度和收入水平按照乘数增长，景气开始转好。这时，如果货币数量没有进一步变化的话，利率又会上升一些，因为收入增加之后，对活跃通货的需求也会见涨。在此阶段，利率可能上升到3.75%，但是不会恢复到4%，因为如果恢复到4%，投资就会回落 62
到原来的水平，对方便余额的新增需求又会消失。

随着就业增长，工人的地位得到加强，货币工资可能上升。而工资与物价每一上升，对方便余额的需求就会增加，人们发现，为了给自己准备现款，必须出售证券，于是利率再被抬高。在一定的经济活跃程度上，货币工资水平越高，货币的需求量就越大；而且一旦工资上涨，就很不容易回调，即使就业下降也是如此。因此，随着工资上涨，利率可能被拉回到最初的4%的水平，从而使对景气活跃的刺激烟消云散。

这里我们看到了导致景气复苏夭折的最重要的因素之一。一般来说，无论什么原因启动了复苏，复苏都会使利率上升，而利率上升会遏制投资，并使复苏夭折。景气复苏总是一直处于自我了断的危险境地。

而且，现在我们还看到，为什么通常情况下，充分就业总是不能实现。当失业率降得很低时，货币工资就会快速上涨，对活跃通货的货币需求增加，利率被推高，投资下降，失业率再度上升。

利率调控的局限

尽管银行当局想要调控利率以防止失业，却发现并不是轻易
63 就能办到。因为，单单资本积累，会导致预期收益率下降；除非发明创造或人口增长充分而迅速地发生，否则投资会走入不可持续的死胡同。为了保护充分就业，利率必须不断下调。而充分下调实际利率是很难实现的，因为，第一，没有一个国家可以在其他国家不尾随其后的情况下，独自把国内利率降得很低；第二，强大的既得利益群体反对过低的利率；第三，法律与惯例（特别是在金本位制下）限制了货币当局调控利率的能力。

而且，为了保持充分就业，利率经常不得不大幅调整。预期收益率受到企业家乐观与悲观心态的很大影响，因此，要左右投资，可能需要利率上的急剧变化。同时，信心状况变化也受货币需求的影响，因此，要支配利率，又可能需要货币数量上的急剧变化。总之，维持恰到好处的利率以保护充分就业，绝对不是一个简单的问题。

即使按照维持尽可能低的失业率的要求，把利率刻意地控制住了，景气状况的波动也很难防止。况且，在目前形势下，利率调控还不是仅仅以维持低失业率为目标。当局的头等大事，是在失业率降得很低的时候，防止物价出现快速上涨。在他们的心目中，对物价上涨的担心，比之对失业的担心要迫切得多。这样一来，利率的主要功能，倒是防止可能实现的充分就业了。

第九章 利率面面观 64

资本收益

利率有时被视同于资本的收益率。这是一个很大的误解。资本品的预期收益,取决于一般景气状况;资本品的生产成本,取决于生产行业的技术条件和货币工资水平。这两组因素决定了资本品的收益率。利率是借入货币必须支付的价格。两者风马牛不相及,决定因素也完全不同。两者之所以有彼此相等的倾向,是因为,如果收益率高于利率,企业家就有动机创造更多的资本品,而随着资本品存量增加,平均收益率会下降。回到前面第一个例子,如果有一种房屋每年可以带来 50 英镑净收入,建造成本是 1000 英镑,而市场利率是 4%,那么,这种房屋就会源源不断地建造出来,直到它们的房租只能产生 40 英镑的净收入为止。

相同利率水平下,资本品的收益率上升,或者,相同收益率水平下,利率下降,都会导致资本品存量增加,从而使收益率重
新等于利率。收益率和利率不是相同的事物,它们往往相等,只 65
是因为,如果它们不相等,企业家有积极性采取行动,促使两者相等起来。

等待的回报

利率有时也被看作是“等待的回报”。这是一种含糊其辞的说法，常常用来表示储蓄的回报。但是这种观点也站不住脚。一般利率水平确实会影响个人想要储蓄的量，但是，任何财富所有者，只要借出财富，都可以获得利息，而不管他现在是不是正在通过储蓄增加财富。因此，利息作为储蓄的回报，完全不能等同于工资作为劳动的回报。一个人一周不工作，就一周得不到工资，但是，一个人的祖宗一百年前有了积蓄（或者是干了江洋大盗的勾当也一样），他现在也可以不用作任何储蓄而获得利息。

如果我们把“等待”仅仅理解为“在当期消费上的支出小于可支配的总购买力”，那么上述异议便不复存在了。从这个观点看，利息确实是对于你没有把自有资金悉数挥霍掉的报偿。认为“等待的回报”可以与劳动的回报相提并论，这个观念有某种道德说教的味道；而把“等待的回报”仅理解为拥有财富的回报，这种味道就变得很淡了。

但是，利率甚至不是拥有财富的回报。一个人可能拥有财富，却以货币形式持有，那就无从获得利息。因此，我们回到起点——
66 利率只是借出货币的报酬。

调节阀

最后，利率还被看作是经济体系的调节阀。这种观点认为，利率取决于新资本的供给与需求，因此，当人们变得更加节俭时，利率会下降，促使新资本品的投资相应增加；而如果资本品的收益率上升，利率也会上升，从而把投资增长控制在由较高利率带来的储蓄意愿增长的范围之内。

这种理论也站不住脚。确实，储蓄意愿增长，利率会下降；但之所以如此，只是因为它降低了经济活跃程度，导致货币需求下降。投资增长，通常也确实会提高利率，那也只是因为它提升了经济活跃程度，导致货币需求增加。但是不管投资率如何，人们的收入水平总是会使社会储蓄刚好能够提供企业家投资所需要的资本。资本需求（投资）变化，通过改变收入水平，一定带来供给（储蓄）的等量变化；如果资本供给的意愿（节俭）上升，但资本需求（投资）没有增加，实际储蓄不可能增加。因此，认为利率由资本的供给与需求决定，显然是荒谬的。

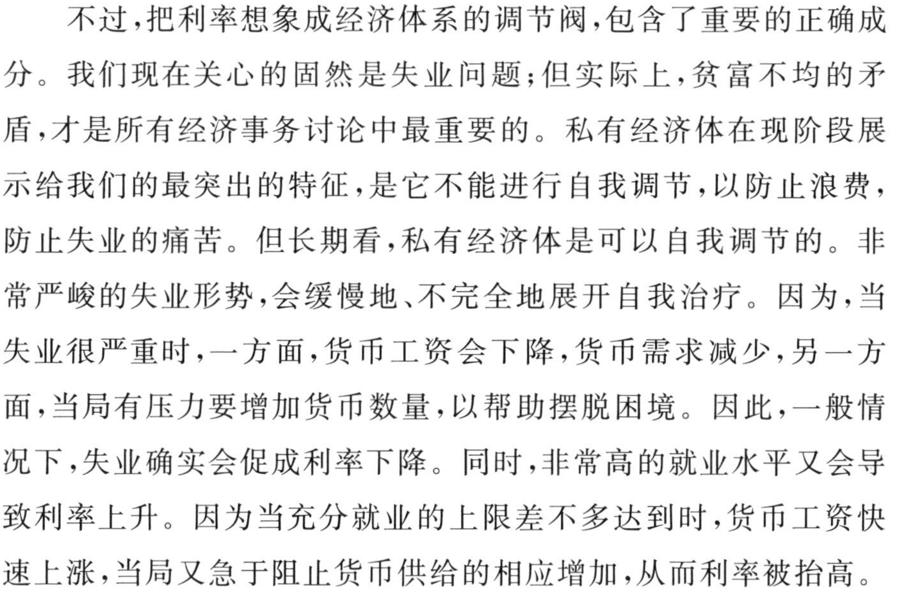

不过，把利率想象成经济体系的调节阀，包含了重要的正确成
分。我们现在关心的固然是失业问题；但实际上，贫富不均的矛 67
盾，才是所有经济事务讨论中最重要的。私有经济体在现阶段展示给我们的最突出的特征，是它不能进行自我调节，以防止浪费，防止失业的痛苦。但长期看，私有经济体是可以自我调节的。非常严峻的失业形势，会缓慢地、不完全地展开自我治疗。因为，当失业很严重时，一方面，货币工资会下降，货币需求减少，另一方面，当局有压力要增加货币数量，以帮助摆脱困境。因此，一般情况下，失业确实会促成利率下降。同时，非常高的就业水平又会导致利率上升。因为当充分就业的上限差不多达到时，货币工资快速上涨，当局又急于阻止货币供给的相应增加，从而利率被抬高。

因此，当失业率上升得很高或者下降得很低时，反作用力会被激发出来，就业的波动就被限制在一定范围之内。在讨论人口、技术进步或影响节俭的一般社会力量等因素的跨世代大变化问题时，我们可以把就业波动当作次要的因素，从自我调节系统的角度讨论它。那么简单地说，我们可以认为，资本收益率上升是利率上升的原因，节俭上升是利率下降的原因。

68 前面我们已经说到，当投资动机很强时，节俭上升可以看作是投资增长的原因。现在我们看到，说节俭是投资的原因，有更一般的意义。因为，当就业水平固定时，节俭上升（通过降低利率）一定导致投资增长。只要现实中的就业率确实只能在某个范围内波动，那么节俭的大幅度上升，就一定会导致投资大约相同大小的增长。

大部分经济学理论，都致力于研究理想的自我调节系统。当我们专注于失业问题时，重要的是，不能无视由这个系统得出的原理，这些原理非常普遍地存在于现实世界中。

第十章　货币供给的变化 69

金矿开采

我们已经看到，新的银行存款是如何在中央银行的主动下创造出来的。这种操作对收入没有直接影响，因为，仅仅是银行持有更多证券、公众持有更多存款的事实，不会直接影响任何人的收入。不过，它会以迂回的方式影响收入，因为它降低了利率，从而引起对资本品的投资增长。

不过另外两种增加货币供给的方式，对收入水平既有直接影响，又有经由利率产生的间接影响。第一种是开采金矿。由金矿开采得到工资收入或者利润收入的人，有点类似于参与建造巴别塔的人。他们的活动既不增加当期的消费品产出，也不增加有用的产业资本。但是，当他们花费自己的收入时，支出就落在了消费品上，于是，当收入由于金矿开采而增加时，对消费品的需求也会增加。因此，金矿开采，就其对就业、利润和物价的影响而言，是等同于资本品投资的，但是，在这项活动中，作为财富存量的永久增加而保留下来的东西，不像房屋或机器那样有直接的用处，而是只有约定俗成的价值。

70 世界上的黄金库存因为开采而增加，这对形势有进一步的影响，因为它带来了货币存量的增长。只要是采用金本位制，中央银行就有义务来者不拒地收购黄金；而中央银行收购黄金，其影响正好等同于在公开市场上购买证券。黄金出售者在他的开户银行存入他出售黄金所得的金额；银行发现自己的“现款”增加了这个额度，接下来的一连串结果，与我们上面所说的如出一辙。

在金本位制下，如果中央银行想要履行自己的义务，又不想由于收纳黄金而被迫增加货币数量，它们可以通过卖出相应数量的证券，抵消黄金收购。这样，银行的“现款”总量保持不变，唯一的变化是中央银行持有黄金，以代替证券。这种做法称为“冻结”黄金，因为这时，货币数量不会像通常一样增长并产生乘数效应。

把黄金从矿区挖出来，又埋入中央银行的金库，如此折腾在外人看来似乎很奇怪、很不可思议。但这些活动都是历史上渐进地发展起来的，其中的法律框架，是为了适应货币演化的早期阶段的需要，而不是理性设计的结果。

通过预算赤字创造货币

一项预算赤字，如果通过中央银行借款来平衡，就具有与金矿
71 开采相类似的影响。我们已经看到预算赤字是如何影响收入的。如果政府支出增加，而税收没有相应增加，那么收入会增长，经济活跃程度会上升。不管政府向公众借款还是向中央银行借款，情况都是如此。如果是向公众借款，就没有进一步的效应需要考虑。如果向中央银行借款，则在赤字对收入的直接影响之外，还有货币

数量增长的效应。因为就中央银行而言，贷款给政府，就像购买证券或收购黄金一样，会增加银行的“现款”。预算一旦平衡，赤字的直接影响就结束了，但是，货币数量增长的效应作为永久遗产保留下来。

只要赤字在持续，货币数量就会不断累积地增长，导致利率下降；而（除非信心已被严重动摇）由较低利率引起的投资增长，其影响会叠加到预算赤字对增加消费的直接影响之上。

开始时，利率下降会有一些阻力，因为预算赤字提高收入的直接效应，会增加货币需求（活跃通货的需求量取决于收入水平）。但是，如果货币工资没有上升，货币需求增长相对于供给增长是很少量的，而且，需求增长是一次了结的影响，而货币供给增长是累积的。

举例来说，假设乘数为 3，假设年收入每增加 400 万英镑，活
跃通货会增加 100 万英镑。那么，一个每年 1200 万英镑的预算赤 72
字，会使年收入增加 3600 万英镑（因为乘数是 3），并使活跃通货增加 900 万英镑。但是，假设中央银行放给政府的贷款，是按每月 100 万英镑的速度增加“现款”，那么，如果银行要维持现款与其他资产 1∶9 的比例关系，则一个月的赤字就会导致存款增加 1000 万英镑，不到一个月，就已经创造出了足够多的新货币，以迎合 900 万英镑活跃通货增量的需要。因此，在这个月的前半段，利率确有上升的倾向，但这种倾向很快就会被累积的货币增量征服并颠覆过来。

以创造货币平衡预算赤字，和以普通借款平衡预算赤字，两者的全部差别就在于这个利率上的反应。

在上面量化的例子中，我们假定货币工资不变。而工资上升，会加剧由于经济活跃程度提高带来的货币需求增长，如果失业率降到很低，在赤字影响下，货币工资会上升很快，货币需求可能增长很多，冲到供给增长的前面，从而推动利率快速上涨。这种情况——预算赤字由中央银行借款来平衡，失业几近匿迹，货币工资快速上涨，货币供给的增长滞后于收入增长，从而利率暴涨——就是 1921—1923 年德国大通胀后期的特征。

如果政府简单地以印行法定货币(legal-tender notes)来平衡
73 赤字，其结果会与向中央银行借款完全一样。因为公众没有责任仅仅由于政府印了更多法币就要更多地持有。公众所不需要的法币，会存入银行；银行的现款因此增加，就像中央银行资产增加带来的结果一样；利率下降的趋势，进一步叠加在赤字对提升经济活跃程度的直接影响之上。

社会分红

根据上面的分析，现在我们可以讨论“通过货币创造，派发社会分红(Social Dividend)”的提案。在这个方案中，每位公民都会在星期天一早收到比方说 1 英镑的法币——由此需要多少法币，就印多少法币。这个方案在传统思路看来太过离奇，完全不值得认真对待；而且，其倡导者运用非常复杂而难以令人信服的论证来支持它，也帮了倒忙。但这个方案还是迎合常识的：如果一方面有人失业，另一方面又有未获满足的需求，两者为什么不能简单地捉置在一起，即给贫困者提供购买力，以消费失业者生产的产品呢？

这样一个方案会有怎样的效果呢？在实践中（就像这方面一些尝试性的实验已经显示的那样），它固然可能由于强大的金融势力的反对而归于失败；但是，如果这个方案可以顺利实施的话，就会产生我们想要的增加消费、从而增加就业的效果，与普通的预算赤字的效果一模一样。这额外的每周1英镑，会全部或一部分花费在衣食和娱乐上，于是景气繁荣，物价上升，失业下降。货币存 74
量的累积增长，会进一步降低利率（假设没有引起恐慌），鼓励投资，从而进一步刺激经济活跃程度。

这个方案的缺点，是它剥夺了货币当局的所有权力，因为一旦施行，货币当局就不再能够控制货币数量。当失业已经下降到底，实际收入不可能进一步增加时，货币工资就很可能快速上升。但货币数量仍然周复一周地累积增长，这样，就会毫无防御地引起物价暴涨，以及与高速通胀相联系的交易崩溃和全面混乱。

经济生活一直在向我们展示这些不同祸害之间的选择，传统银行家和货币改革家的区别，就在于他们选择了不同的祸害。银行家最担心通货膨胀，而对失业漫不经心；货币爱好者相反，看到失业的祸害，却无视通胀的危险；不过，这两种人都有别于更加激进的改革分子，因为他们毕竟都希望保护或者修补私有经济体，而不是将之彻底颠覆。

附录：货币数量理论

有关物价与景气活跃程度的讨论，经常被纳入所谓“货币数量理论”中。这是一个有误导性的名称，因为实际上，其中并没有什

75 么可以在严格意义上称之为理论的东西。首先，所谓“货币数量理论”，是这样一个观点：货币数量增加，可能导致物价上涨。我们已经看到这个观点通常为什么是对的——货币数量增加，降低了利率，利率下降促进了投资，投资增长带来了经济活跃程度的普遍上升，而经济活跃程度上升总是伴随着物价上涨。但是，一种含糊其辞的一般性表述——货币数量增加，可能导致物价上涨——并不适合于说成是货币的理论。其次，“货币数量理论”是一种方法，是用包含货币数量的等式，探讨物价问题。但这也不是货币理论，只是一种独特的分析方法而已。

数量等式的最简单形式是 MV＝PT。其中 M 是货币数量（现金、票据和银行存款），P 是一般物价水平的指数，T 是单位时间的交易量的指数。V 是流通速度，代表一单位货币在单位时间内被用于媒介交易的平均次数。如果 T 代表每年的交易量，V 就是一单位货币在一年内的换手次数。如果 T 按周计算，V 就是一单位货币在一周内的换手次数，如此等等。如果我们按年计算，PT（每年交易价值）比方说是 500 亿英镑。那么，如果货币数量 M 是 20 亿英镑，V 就等于 25。如果我们按周计算，V 就约等于 1/2，等等。

MV＝PT 显然是正确的，因为 PT 是这个时期内借助货币实现的所有交易的总价值，MV 是用于媒介这些交易的所有货币单位的总额。两者相等，因为它们是同一事物的两面。但正因如此，这个等式也不可能说出任何我们原先之所未知的东西。例如，从这个等式中，我们可以看到，如果某种情况碰巧提高了 T，那么，P 必定下降，或者 M 或 V 必定上升。实际上我们知道（尽管等式本

身不能告诉我们),现实中,交易量 T 上升,通常伴随着物价的上 76
涨,而不是下降。根据这一点,我们可以进一步指出,如果某种情况使 T 上升,PT 将会上升更多。而等式告诉我们:如果 PT 上升,M 或 V 必定上升。概略地说,PT 由景气活跃的水平决定,M 由银行系统控制。因此我们可以进一步认为,如果某种情况使 PT 上升,但是银行没有增加 M,那么 V 必定提高。

第八章的讨论使我们能够理解,这一切是如何发生的。如果某种情况提高了景气活跃程度,则对活跃通货的需求就会增加。而银行如果没有增加货币总量,利率就会上升。这时,以货币而非证券形式持有财富就变得更加不值,于是在活跃存款增长的同时,闲置存款会等量减少,从而货币的平均流通速度提高。这样,作为 PT 上升的结果,V 就上升了。这些都很对,但是,我们所说的都是关于等式会怎么样,而等式没有告诉我们什么。

更常见的是从左到右看待等式:当 M 增加时,除非 V 同比例下降,否则 PT 一定上升。这一点看似更有用,实际上还是遮掩了真相。因为如上所述,货币数量增加,是通过降低利率,而对景气活跃程度产生影响的。因此,货币数量增加,在 PT 改变之前,首先恰好表现为 V 下降。当货币数量由于银行买入证券而增加时,全部增量马上变成闲置存款,其流通速度为零,因此平均流通速度下降,正好与货币数量增长成比例。只有在利率下降之后,M 增加才会带来 MV 上升:一旦利率下降,闲置通货增长就对景气活跃程度产生了影响,从而影响 PT。

理解了以上逻辑关系的人,从来不会期望,像 MV=PT 这样 77
一个自明之理,能够说出什么我们原来不知道的东西,而在外行人手里，这个数量等式还可能导致很大的混乱。针对由这个等式形成的思维习惯，主要有两种批评。首先，它使人们在讨论物价变化时，没有对两种不同起因的变化做出必要的区分：一种是由于需求方变化引起的物价变化，如伴随着投资增长或节俭减少的物价上涨；另一种是由于供给方变化引起的物价变化，如货币工资提高带来的物价上涨。其次，它使人们把一些对物价的直接影响，都归因于货币数量变化，因此，一些学者似乎认为，钞票是有腿的，一旦印制出来，就会跑到商店，抬高物价。货币数量变化当然极其重要，但它的重要性在于它对利率的影响，一种货币理论，如果没有提到利率，就根本算不上货币理论。

如果要详细讨论景气活跃程度的变化，货币数量等式只是一种软弱而危险的工具。但是当我们关注世代之间物价变化的宏大问题时，这个等式就能发挥所长了。因为如上所述，货币数量增加，通过降低利率和促进景气活跃，引起了货币工资上升，又因提高工资比降低工资容易，每一次景气迸发，都留下了永久的物价上涨的遗产。另一方面，如果人口增长，一般经济活跃程度上升，而货币数量没有增加的话，利率会保持高水平，景气长期停滞，工人在与雇主的谈判中处于弱势，货币工资会停顿下来，甚至趋于下降。因此，货币数量对于物价的长期历史变化，有着决定性的影响。

第十一章　国际贸易 78

对外投资

在上述讨论中，国界的观念大多都忽略了。现在我们要从一个国家的角度，探讨某些问题。首先，我们要考虑贸易差额问题，即出口大于进口的顺差，或进口大于出口的逆差问题。构成贸易差额的项目，既包括“有形”的进口与出口，即物品进出国境；也包括“无形”的进口与出口，诸如运输服务、贷款利息、旅游费用等一国国民对另一国国民的支付。贸易平衡代表了一个国家与世界其他国家之间在损益表上的收支平衡，而不是代表资产负债表即国际借贷的平衡。

从一个国家的角度看，出口大于进口的顺差，完全具有投资的特征。通过把商品卖到国外以赢取收入，就如同制造资本品赚取收入一样，会增加对国内制造的消费品的需求，而没有增加当前可用来消费的供给；反之，用在国内赚取的收入购买外国生产的商品，则是扣减对本国生产商品的需求。因此，出口增加或者进口减少，都有乘数效应，创造派生就业，提高国内收入和国内储蓄；简言 79
之，对国内经济活跃程度产生了与投资增长相同的所有效应。

不过，当出口大于进口时，其他国家的公民总体而言就变成对该国公民负债，因为他们消费该国生产的商品，超过了其当期支付。该国公民于是获得了数量相当于顺差的外国有价证券。因此，代表一国对外投资的出口顺差，增加了其国内的社会财富，这方面也类似于创造资本品。

但从整个世界的角度看，一国的对外投资（顺差）根本不是投资。如果一国增加对其他国家的出口顺差，其他国家一定会等量增加对该国的进口逆差，他国的失业会上升，抵消该国的就业增长。而且，由于该国公民增持了代表向他国放贷的有价证券，他国公民也增加了他们对该国的负债，就世界整体而言，财富没有增加。

国内经济活跃程度与对外投资

一国国内经济活跃程度上升，通常会导致对外投资下降。因为，当收入更高时，支出会增加，一部分支出会指向外国商品。当
80 国内建筑业增长时，新就业的劳动力可以购买更多美国的水果罐头，工头可以为自己的摩托车加上汽油，承包商可以到里维埃拉[1]度假。对进口品的需求增长了，而没有什么因素导致出口相应扩张，因此当国内投资增长时，对外投资就会下降。这仅仅是提出我们前已观察到的一个事实的另一种方法，即：一国的乘数小于整个世界的乘数。

如果一国失业减少，导致货币工资上升，该国的对外投资还会

① Riviera，南欧沿地中海的旅游胜地。——译者注

进一步下降。一国货币收入增长，而外国商品的价格不变，对它们的购买就会增加。而且，国内工资上升，提高了国内生产的商品价格，使外国商品更有竞争优势。同时，出口商品成本提高，销量会减少。简言之，一国货币工资上升，会引起该国进口增加，出口减少，因此对外投资下降。

一个国家即使在增加国内投资方面比其他国家好很多，但由于国内投资增长带来的对外投资减少，它还是会失去在增加就业和增加财富方面的大部分利益。

这个问题的重要性，显然取决于一个国家参与国际贸易的程度。高度专业化的小国，进口大部分消费品，出口大部分产成品，当国内投资增长时，对外投资会遭受严重损失；而差不多自给自足的大国，受到的影响就很小。

一国的公共投资

前面我们说过，当一个国家陷入衰退时，投资公共项目根本无需什么真实成本。现在我们必须修正一下这种说法。对于一个封闭的社会，这种说法固然不错；但对于与他国有贸易关系的单一国家而言，必须考虑对外投资的减少。我们不能说，这个社会如果没有建设公共项目，相应的资源就会闲置，因此公共投资的真实成本为零；而应该说，其真实成本在于对外投资：如果没有建设公共项目，会有对外投资，一旦公共项目投入建设，对外投资就不再发生了。因此，前面说，纯粹从一国的角度看，公共项目即使像巴别塔一样的毫无裨益，也是值得投资的——实际情况并非如此。但是，只要它们还有一定价值，投资公共项目仍然是可取的。假设有公共项目需要1亿英镑的开支，同时由于减少出口、增加进口，它带来的对外投资损失为2500万英镑。那么，只要估计项目的真实社会价值不低于2500万英镑，仅就自身利益而言，也是值得投入的，更不用说这些项目还会带来就业增长的好处。

国际汇兑

货币之间的兑换率，即汇率，取决于本国货币与外国货币的供求关系。本国公民需要外国货币，是为了支付他们的海外债务即

82 进口支付，或者是为了对外放贷；而本国货币被外国人所需要，是为了支付来自这个国家的出口，或者贷款给这个国家。出口大于进口的顺差增加，导致本国货币的海外需求相对于供给上升，从而倾向于提高本币汇率；本国公民对外放贷（即购买外国证券）的意愿提高，导致外国货币的需求增长，倾向于降低本币汇率。当外贸顺差等于对外放贷的净额，或者，外贸逆差等于对外借款的净额时，现行汇率都会保持平衡，既不上升，也不下降。

如上所述，一国经济活跃程度上升，会导致出口顺差下降，进而会降低本币汇率。如果本币汇率允许下降，本国产业将受到保护，出口产业将受到刺激，因为，如果有较低的汇率和不变的国内外物价水平，外国商品在国内就会更贵，本国商品在海外则更便宜。因此，本币汇率下降，能够起到终止海外投资的下降趋势的作用（这种下降在国内投资增加的时候就会出现），把大部分派生就业都留在本国。由此可以认为，汇率下降是好事。但是，有时候人

们不允许汇率下降。

首先，如果一国实行金本位制，货币当局就必须保持汇率稳定。坚持金本位制，意味着货币当局愿意以固定的本币价格买入和卖出黄金。当本币汇率下降到低于本币的固定黄金价值与外币黄金价值之间的平价时，人们就可以以固定的国内价格买入黄金，83
以固定的国外价格卖出，并用由此得到的外币，按照压低的汇率兑换本币，在这种循环中套利。正因如此，汇率不可能下跌到黄金平价以下，与黄金平价的差距，不可能超过足以涵盖以上循环所需费用的微小幅度。但是同时，这也意味着，当本币汇率疲软时，货币当局处于损失全部黄金储备的危险境地。货币当局需要持有黄金储备，以履行向所有申请人兑付黄金的义务。因此，他们必须想方设法防止汇率下降。

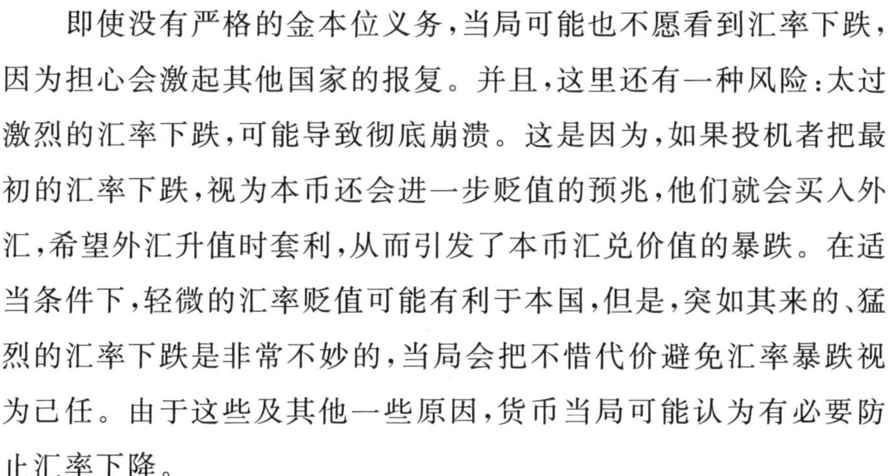

即使没有严格的金本位义务，当局可能也不愿看到汇率下跌，因为担心会激起其他国家的报复。并且，这里还有一种风险：太过激烈的汇率下跌，可能导致彻底崩溃。这是因为，如果投机者把最初的汇率下跌，视为本币还会进一步贬值的预兆，他们就会买入外汇，希望外汇升值时套利，从而引发了本币汇兑价值的暴跌。在适当条件下，轻微的汇率贬值可能有利于本国，但是，突如其来的、猛烈的汇率下跌是非常不妙的，当局会把不惜代价避免汇率暴跌视为己任。由于这些及其他一些原因，货币当局可能认为有必要防止汇率下降。

当局调控国际汇兑的武器是利率。本国利率上升，对汇率有三重影响。首先，它鼓励外国人贷款给本国，不鼓励本国人对外放 84
贷。这就会增加对本国货币的需求，使需求大于供给，本币汇率上行。这种影响是直接的。随着时间推移,会产生第二种影响。由于利率较高,国内投资减少,就业和收入下降。如上所述,这会同时缩减对国内商品与进口商品的支出,从而增加出口顺差,本币汇率因而上升。最后,但是只有在经过许多煎熬岁月之后,国内的货币工资可能被失业的压力拉低。于是出口行业受到刺激,国内消费水平可能提高但不致危及汇率。在货币工资削减得足够多时,利率可能重新降低。因此,国内经济的繁荣,会削弱本币汇率;只有遏制繁荣,才能使汇率回升。

一国的扩张

现在我们可以看一看,一国当局促进国内就业水平提高的能力,是如何受到限制的。他们所做的任何刺激国内经济的事情,都会引起汇率上的麻烦。公共投资、再分配的税制、预算赤字等,都会通过增加国内消费,引起进口相对于出口的增长,导致贸易平衡倾覆,本币汇率下跌。因此,一国当局必须谨慎考虑:在这方面走多远是安全的。即使他们有减少国内失业的真实意愿,能够做的可能也非常有限。

85 但有时候,扩张性政策的危险,作为不行动的一个借口,被夸大其辞了。经济活跃程度提高的国家,之所以对其他国家有利,正是因为该国对进口商品的需求随着国内就业增加而增加,这意味着他国的经济活跃程度也提高了。这种提高可能也会给其他国家带来乐观主义的复苏,启动国内投资。然后,这个国家又会从他国的经济活跃程度上升中获益。因此,任何一个勇敢采取行动的大国，都可能带领世界走向繁荣；而如果每个国家都怯懦地坐等其他国家先行启动，世界将陷于困厄而不能自拔。

一国的利率

每个国家的政府，在采取诸如公共投资计划等扩张性政策上，能力都是有限的。一国货币当局调控国内利率的能力甚至更为局促。如果一国的利率降低，本币汇率会因为两个原因而被削弱。一是低利率引起的国内投资增长，会倾覆贸易平衡；二是国内利率相对下降，鼓励了对外放贷，因为这时海外放贷可以获得比国内更高的回报。因此，任何试图通过降低国内利率水平以提高经济活跃程度的一国当局，都面临着陷入汇率暴跌的危险，除非其他国家预备跟进，否则，没有一国能够走多远。

每个国家的政府都可以申辩说，之所以维持利率水平不变，而置失业形势于不顾，是因为没有一个国家可以自由地单独行动。
但是，个体谨小慎微的精神，对全体而言却是破坏性的。任何一国 86
的高利率，都会削弱他国的汇率（如果是金本位的话，就会从他国输入黄金）。他国被迫提高国内利率，以维护自己的汇率（并保护黄金储备），于是，整个世界的利率都将上升，投资受到抑制，失业增加，痛苦从一国扩散到另一国。由高利率政策带给整个世界的痛苦，那个最先提高利率的国家也不能幸免。所以说，过于狭隘地关注本国利益，结果可能适得其反。反之，任何一国降低利率，对整个世界都有利。一项大胆政策的利益，就像谨小慎微政策的危害一样，都将返回到本国头上。

经济国家主义

遗憾的是，当今世界，各国政府似乎都更倾向于以损害他国为代价，为自己国家争夺利益，而不是推行对全世界都有利的政策。当发生严重衰退时，每个国家都会出现失业，收入都会下降。在各国国内，要求保护本国产业、抵制外国竞争的呼声高涨，于是各种方案被设计出来，以减少进口，增加出口，缓解本国经济活跃程度的衰退。

在这些方案中，进口关税是最常见的。保护性关税的目的，是要把对外国商品的需求引到国内，以增加本国产业的利润与就业。受保护产业的就业增长，会以通常的方式，带来国内消费品行业的派生就业，某种程度上抵消了衰退的影响。

87 一国还可以通过贬低本币汇率获得竞争优势。如上所述，汇率下降可使国内商品在海外更便宜，从而促进出口；使进口商品在国内更贵，从而保护本国产业。同样，削减本国工资也可取得优势。一国的工资如果相对于其他国家全面下降，就会使国内商品更便宜，从而促进出口；并通过降低国内收入，降低本国商品相对于进口商品的价格，减少进口。因此，一个国家贬低汇率（只要没有走得太远），或者削减工资，都可以改善本国的贸易平衡，增加国内就业。

一旦本国就业增加，外国的出口产业就会失去它们的市场，其国内产业还要承受廉价进口的竞争，因此外国的失业会相应增加。对于世界上其他国家而言，衰退状况会变得更加严峻。从纯粹国家主义的观点来看，如果失业的是与我们毫无关系的外国人，那么这一点本身并不重要；但是，由此带来的后果，即便最极端的国家主义者也不能等闲视之。因为，当其他国家发现自己处于前所未有的困境时，会更强烈地想要通过征收关税、货币贬值或削减工资等措施保护自己。报复于是开始，很快，世界各国都加入了损人利己的疯狂比拼之中。一旦一国抢到一点利益，其他国家马上就出手争夺；而且，当其他国家都已经投身其中时，没有一个国家能够置之度外，因为任何一国如果拒绝加入这种比拼，马上就会被那些无所顾忌的邻国掠夺一空。

综合看来，所有国家都比原来的境况更糟。国际贸易受到关 88
税、配额、通商禁令等等障碍的钳制，所有国际劳动分工的利益都遭到漠视，汇率稳定的好处也被抛之脑后。各国削减工资的竞争，会带来因罢工而起的浪费和仇恨，因任意改变相对工资而起的社会不公，以及因所有储蓄价值的普遍下降而引起的更大债务负担——尽管以货币衡量，那些储蓄价值仍然不变。这一切后患无穷，即使世界开始复苏，各国停止了国际贸易争端，损人利己政策的恶果依然存在，不能很快消散。

附录：自由贸易的论战

关于自由贸易与贸易保护的是非曲直，争论经年不休，从未分出高下，因为争论者之间经常是目标相悖的。支持自由贸易的重要观点是，人为的贸易壁垒导致生产效率低下。他们认为，世界各地的产业分布，通过自由竞争自发形成，比之根据政客的奇思异想确定,总是要更经济一些。某个产业在一个国家需要保护——这个事实正好说明,该产业分布在其他国家会更有效率一些。保护政策牺牲了国家之间劳动分工的利益,使经济资源没有被尽量有效地利用,使世界变得贫困。

贸易保护主义的重要论点是,当本国产业遭遇外国竞争时,进
89 口关税可使本国产品的需求增长,从而提高本国的经济活跃程度、就业及利润。

两种观点之间,其实并无抵牾之处。自由贸易观点说明,征收关税会降低人均产出;贸易保护主义观点说明,征收关税会增加就业的人口(指国内就业人口——他国的失业于贸易保护主义者无关痛痒)。两种观点的相对重要性,随失业形势不同而改变。如上所述,当经济不景气时,世界各国更容易采取贸易保护主义政策。任何时刻,关于什么是最优政策的主张一定有不同,但是其中的原则却无须争辩。

遗憾的是,一些极端自由贸易主义者,过分热衷于发展自己认为正当的事业,完全拒绝承认贸易保护主义的任何正确性,竟至于否认关税可以增加征收国的就业的事实。而且他们认为:出口支付进口,如果进口减少,出口一定等量下降。因此他们似乎觉得,对外投资根本不可能发生,甚至也不可能有出口顺差。当人们指出,出口顺差确有其事,关税的影响在于增加出口顺差时,他们又会进一步地争辩:出口顺差必然带来该国对其他国家相应数量的贷款;出口顺差增长,由于相应增加对外贷款,就消耗了国内产业可得的资金,导致国内投资下降与对外投资增长等量齐观。

这里,这些自由贸易主义者忽略了如下事实:投资增长会带来

经济活跃程度上升，收入提高，以及相应的储蓄增长。对外投资增
长本身，就会创造出所需要的额外储蓄，因此国内投资没有理由下
降。恰恰相反，由于关税引起的进口下降，使本币汇率变得坚挺， 90
形成了有利于利率下降的局面，而国内产业的繁荣，提高了国内资
本的预期收益率，因此，国内投资更可能出现增长而非下降。

当国内就业率很高时，“出口支付进口”的简单论断就会流行起来。因为这时，没有多少闲置资源可以投入到国内受保护的产业；国内产业要发展壮大，替代进口，只能通过压缩出口行业，释放它们所用的劳动力。但是，当失业无足轻重时，贸易保护主义的观点也变得无关紧要了。因此，自由贸易主义的观点，只有在根本无需争辩时，才是正确的。

上述这些观点被用来为自由贸易辩护，对自由贸易来说其实很不幸。反对保护主义的真正理由应该是：保护主义把一国的利益建立在他国的损失之上，从而使世界陷入纷争。但这个理由却因为自由贸易主义者否认“至少有一国可以从保护主义中获益”，而被搞得难以理解了。

91 # 第十二章　就业的变化

景气周期

上面分析的各种问题，像七巧板一样，一块一块，交错相关，我们必须把它们整合在一起，形成一幅关于私有经济体的就业波动的图景。

任何时候，经济景气总是或者上升或者下降，所谓“正常时刻”在真实世界里从来没有出现过；因此，我们只能任意选定从哪里开始我们的故事。最方便的起点，是景气复苏的早期阶段。这时，投资率开始上升，消费品行业的活跃程度也上升，达到由乘数大小确定的程度。随着产出增长，需要注入更多营运资本，于是进一步刺激经济活跃程度。现在，一般景气状态已经转好，利润增长。衰退时期企业家精神上的消沉与绝望的情绪烟消云散，他们对未来收益的看法，开始被现实中的较高利润水平所感染，从而形成进一步的投资扩张。人们采购新设备以创造更高的产出，新的企业趁着需求扩张涌现出来。伴随较高的投资水平和相应较高的支出水平，利润再次上升，预期进一步改善，新的投资方案付诸实施，上升的趋势不断自我强化。

这个过程可能延续数年之久。但投资的结果始终是累积 92
的——建筑、设备、轮船、土地改良和各种耐用资本品都投入使用，每种新增资本品带来的竞争，都会降低原有资本品的利润水平。投资扩张就慢下来了。

投资的悲剧在于，除非不断给予刺激，否则它无法保持稳定的水平。因为，如果某一年的投资率与上年相同，那么一般来说，这一年的就业水平、收入水平，及对商品的需求水平等，都会与上年保持一致。但是资本始终是累积的，第二年就会有更多设备对应于相同的商品需求。于是收益率下跌，未来预期由于当前收入减少而变得黯淡，第三年，新投资对企业家的吸引力就不如上一年了。

一旦投资开始下降，乘数就朝向下的方向起作用，消费减少，失业增加，经济活跃程度和利润下降。在当期利润下降的影响下，对未来利润的预期会恶化，投资进一步下行，下行态势也自我强化。

不过聊以慰藉的是，与投资的悲剧在于它耐久地增加真实财富相仿，资本品还好不是永久地耐用。过时、磨损等都会消耗资本存量，在经济活跃程度经年滞留于最低水平之后，有效设备供给逐
步减少，会提高剩余设备的利润水平。填补空缺的投资开始零散 93
发生，并随着投资率上升，整个故事周而复始。

这是投资的周期性变化，是支配景气活跃周期的主要因素。其他变动都叠加在这种基本的周期变化之上。如上所述，当繁荣上升时，在股市涨势的影响下，资本家阶层的节俭意向会趋于下降；因此，这时经济活跃程度的上升，不仅来自投资本身的增长，还来自消费—投资比的同步提高。而繁荣逆转、股市下跌时出现的心理反应，又会增强景气下行的态势，因此，景气波动在每个方向

上都被扩大。

情绪上的变化，会进一步放大景气波动的激烈程度。到目前为止，我们描述的景气上升与下降的过程，好像是逐步地、平稳地发生。如果企业家时时都主要是根据当前的利润水平预判未来的利润走势，情况确会如此。但是，如果企业家形成这样一种思想状态：利润增长使他们预期未来的利润会进一步增长，利润下降则预期会进一步下降，那么，投资波动还会放大，转折点会在更大的波幅之后出现。一旦投资停止增长，夸张的乐观情绪就会被同样夸张的悲观情绪取而代之；随着经济活跃程度上一个突然而猛烈的下跌（而不是和缓地退步），衰退时期的帷幕就拉开了。

节俭的周期性变化和预期的周期性变化，都会增强投资周期性变化的效果。但是，利率变动作为这些变化的平衡因素在起作
94 用。当经济活跃程度下降时，货币的需求收缩，利率会降低。因此，投资下降程度比在利率不变情况下要轻微一些，到达谷底之后的复苏也会快一点起步。相反，经济活跃程度上升，特别是如果伴随着货币工资上涨，会由于增加货币需求而抬高利率。从而投资增长受阻，繁荣周期缩短。因此，利率的周期性变化与投资的周期性变化正好相反，削弱了景气波动。

一国的这种变动，无论上升还是下降，都会扩散到全世界。繁荣与衰退都有传染性，因为，当一国的经济活跃程度上升时，由于对他国出口的需求增长，其他国家也会沾光；当一国的经济活跃程度下降时，其他国家也会贫乏起来。某一国最初的向上运动，可能就是由于海外经济复苏，带来它的对外投资增长。

汇率变动可能阻挡外部世界的影响，如果汇率稳定，外界的变化就非常容易传播开来。当金本位制完全有效时，西方各国之间的经济波动步调彼此非常接近。但一战之后，我们已经几次见到，一些国家通过降低汇率，隔绝了世界性衰退的传染，或者由于固守高汇率，断送了世界性复苏的利益。

调控景气周期

上面这些变动，构成了通常所谓商业活动的“自然”的周期变 95
化——所谓“自然”，即外在于政府或货币政策的影响。这种两分法有一些武断，因为政府和货币当局的行动，与私有企业家的行动一样，都是自然的一部分。但是，世界越来越意识到景气周期问题，大家开始认为，采取任何可能的措施以减轻繁荣与衰退的破坏，乃是当局的职责所在。因此，政府和货币当局的行动，总是与私有企业家的行动背道而驰。

当局在经济衰退时试图改善景气的动机很好理解，试图阻止繁荣的动机，则有两种不同类型。首先，人们经常认为，应该防止形成繁荣景象，因为接踵而来的衰退的成因，正是繁荣。这在某种程度上是对的，因为如上所述，正是繁荣时期资本的高积累率，阻碍了繁荣的持续。但是不能由此推出，繁荣应该被摒弃。事实上并不存在两种不同的投资：好的投资（不会引起经济活跃程度下降）以及坏的投资（会引起经济活跃程度下降）。投资在进行时会促进经济活跃，在完成后会增加财富——在此意义上，所有投资都是好的。但是投资都不能持续，尾随其后的必是经济活跃程度的下降——在此意义上，所有投资又都是坏的。我们不可能摆脱投资的坏的一面，而不牺牲其好的一面，通过摒弃繁荣，稳定经济景气，只会促成永久的衰退。人们可能认为，如果以一种中等水平的繁荣景象，替代时高时低的景气状况，总的来说，一年的平均繁荣程度可能要高一些。但是，即使这一点可以办到，把失业率永久地
96 维持在略低于目前平均水平的政策，也不是一项应被热忱推荐的政策。然而，无论这种争论的是非曲直如何，繁荣作为萧条之源而令人畏惧的观念，还是有很大影响力，使当局在繁荣景象崭露头角的时候，就会阻止其进一步发展。

试图遏制繁荣景象的另一个动机，是担心通货膨胀。通货膨胀已经变成一种如此常见的恶魔，以致即便在 1931 年大萧条的谷底，以通货膨胀吓唬公众也不觉得荒唐可笑。但实际上，我们还没有碰到过在正常状态下发生严重通货膨胀的情况。如上所述，通货膨胀需要两个条件：一是失业率已经降得很低，使货币工资出现猛烈而不可抗拒的上涨；二是发生某种事情，推翻了通常由有限的货币数量形成的屏障——有限的货币数量，保证在货币工资开始上升时，利率会被推高，投资受到遏制。战争与革命常常导致恶性通货膨胀，但在和平时期，有稳定的政府和胜任的货币当局，基本不必担心这种情况。不过，当局的思想意识里还是有着对通货膨胀的强烈恐惧感，正是这种恐惧感，使当局会尽其所能，防止经济景气陷入他们认为是“危险繁荣”的境地。

除了损人利己的政策之外，各国当局对付繁荣与衰退的主要武器，一是利率，二是公共投资。当经济活跃程度下降到较低水平时，货币当局通常会刻意增加货币数量，以激发利率的矫正功能；
97 当繁荣处于峰顶时，则控制货币数量，以强化利率的“自然”变动。

结果发现，当局通常采取的这些行动，尚不足以稳定投资率，因为一旦企业家产生了悲观情绪，利率的温和下降还是难以恢复投资动机；而当企业家被美化的利润愿景蛊惑时，利率的温和上升也阻止不了他们的投资热忱。但是，由当局诱发的利率变动，至少是朝着缩小景气波动的方向在起作用。

公共投资政策，长期以来都被当作矫正景气周期的利器。现已提出的理想的办法，是把数年后有需要的计划提前来做，并调整其实施速度，以抵消私人投资的变动。这种政策原则上已经赢得普遍认同，但是尚未充分见诸实践。1933 年开始的景气复苏，很大程度上就归功于各国政府在促进投资上的不懈努力。可是到了 1937 年初，当街头巷尾都在谈论繁荣景象，而有人主张减少公共投资时，各国政府正在聚精会神地搞军备竞赛，因此，尽管私人投资已经充分复苏，公共投资仍在凯歌猛进。

长期影响因素

规律性的景气周期模式会因为某些特殊事件而中断，如战争、好的收成、政治危机、重要发明或者发现金矿等等。这些事件会使
景气波动脱离正常的轨道，因此，实际的景气波动轨迹充满了不规 98
则性。历史图景表明，经济景气存在强烈的规律性波动的趋势，同时又被不同方向的偶发性变动所打断。

而且，景气周期的波动底下，还有一些更深的影响因素。增长的人口，层出不穷的发明，以及开拓疆域的机会等，都给资本收益率提供了支撑，为投资带来了持续不断的激励。

如果这些投资需求的源头都付之阙如，投资动机一定会慢慢削弱，从而衰退加深并延长，而适度繁荣的状态，相比之下更受青睐。在西方世界，人口增长很快就要终结，也没有新大陆再被发现，而且很难寄希望于一个能与十九世纪相比的新的发明时代，由此看来，在不远的将来，如果要避免长期失业，就必须对经济体施以强有力的刺激。

利率长期下行非常有利于刺激私人投资，公共投资扩张可以弥补私人投资之不足，大尺度的收入再分配政策可以增加消费，并减少为维持合理的就业水平之所需的投资量。但是所有这些政策都会遭遇很大困难，并须对付激烈的反对意见，目前的经济体系是否能够适应未来的要求，还有待观察。

第十三章　经济学的争论

争论的类型

本书所述的主题，自从历史上有关经济事务的思索发轫以来，就一直是争论的内容，而且今后还会继续激辩下去。但是，这个主题可能并没有值得争论的地方。大家可以有不同的主张，但所有争论都应该能够得到解决。逻辑法则和证明规则对每个人都是一样的，理所当然，也就没有什么可争论的了。

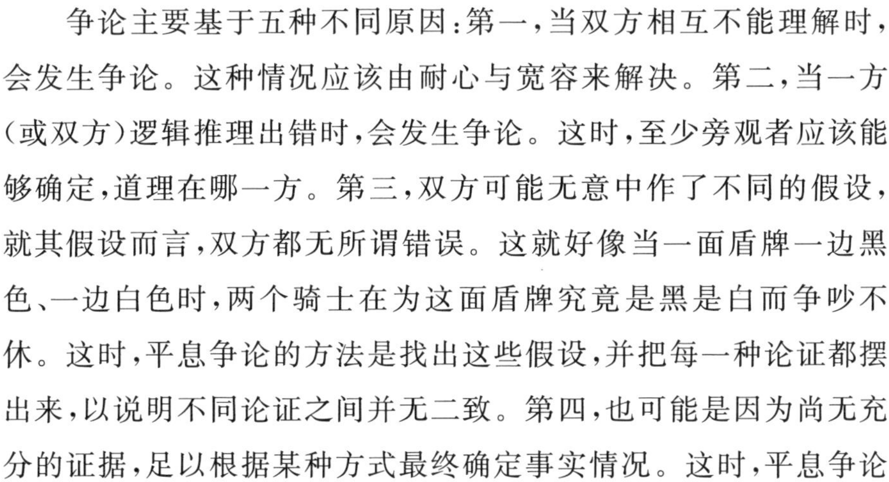

争论主要基于五种不同原因：第一，当双方相互不能理解时，会发生争论。这种情况应该由耐心与宽容来解决。第二，当一方（或双方）逻辑推理出错时，会发生争论。这时，至少旁观者应该能够确定，道理在哪一方。第三，双方可能无意中作了不同的假设，就其假设而言，双方都无所谓错误。这就好像当一面盾牌一边黑色、一边白色时，两个骑士在为这面盾牌究竟是黑是白而争吵不休。这时，平息争论的方法是找出这些假设，并把每一种论证都摆出来，以说明不同论证之间并无二致。第四，也可能是因为尚无充分的证据，足以根据某种方式最终确定事实情况。这时，平息争论

100 的方法是各方都持一种开放的心态，参与追寻进一步的证据。第五，还可能因为人们对于何为理想状态的主张彼此不同。这种争论就无从决断了，因为最终的价值判断，是不能通过任何纯粹的理性方法解决的。不过，这时争论也是徒劳无益的。

正是上述第五点，使其他各种原因引起的争论变得无休无止。当一些重要的公共政策争端尘埃未定时，每个论者都拼命坚持自己的主张。每个人都拒绝理解他人，因为担心一旦他理解了，就可能不得不做出一些退让。每个人都固执错误不改，即使心不甘、情不愿地被说服了，他的主张还是一如既往。每个人都拒绝重新审视自己的假设，因为担心要被迫承认自己的假设不合事实。每个人都按照自己的偏好，理解不完备的证据。

经济学的争论之所以不得消停，不是因为经济学家一定比其他人更不理智，更容易耍脾气，而是因为涉及的议题具有强烈的感情色彩。一种拙劣的论证，如果对心仪的政策看似有利，就会得到顽固而热烈的支持；而一种更好的论证，一旦事与愿违，则得不到支持。但是显然，论证之优劣，对于由利益或道德生发的最终判断，是没有影响的。理想的做法，是公正地阐明各种论证的优劣，并承认最终价值之不同。

争论的起源

在政策问题上，差别从来不能被消除。即便一个看似简单的问题，例如扩大公共投资以救助失业，也会引起利益上的激烈冲突。

101 乍看起来，如果政府通过扩大投资，可以减少失业，增加真实财富，那么似乎毋庸置疑，这样做一定有益。但实际上，即便就这一问题，也会有针锋相对的意见。如上所述，通过在衰退时期投资公共项目，社会作为一个整体是富裕起来了。但是，社会上很多个人会觉得，这项政策损害了他们。一些人在公共投资产生收益的时候，由于储蓄增加而变得富有，但是，这些人并不一定就是那些将来要承担更高税负、为更大的公共债务负担利息的个人。如果一个人分配到的未来新增税负，超过了当前新增收益（或者只是担心自己将来可能分担更多），他就会反对这项政策。一些人的收入法定为若干货币单位，他们会因为就业增加时的物价上涨而受到损害。信念上反对社会主义运动的政权，宁愿现实中的真实资本减少一些，也不愿自己拥有更多资本，承担更大责任。革命者认为失业只是私有经济体制的罪恶之一，不希望资本主义政权学会减轻景气波动的伎俩，使自己丧失反对私有经济体制的虽不是最根本、却是最明显的理由。另一方面，自由放任主义的信徒担心，公众一旦知道政府干预可以减少失业，可能会开始认为，政府干预还可以做很多其他事情。

公共投资政策这么单纯的问题，尚且带来以上种种矛盾。如果是涉及降低收入不平等的问题，冲突就更加繁芜丛杂。

经济学家之间的学术争论，在外人看来显得无聊而迂阔，就好 102
像争辩一个针头上能够站几个天使一样。但是，各种问题的学术争论，实际上是一些深层矛盾的表象——若非如此，所有这些问题都早该尘埃落定了。这些争论还与政治争端纠缠在一起。在本书中，无论学术争论还是政治争端，我们都尽可能地敬而远之。

索　　引

（页码为原书页码，请参照本书边码使用）

译后记

琼·罗宾逊(Joan Robinson，1903—1983)是英国著名经济学家。她是凯恩斯主义的追随与发展者，1936年凯恩斯《就业、利息和货币通论》问世之后，她写了许多关于凯恩斯理论的文章与书籍。这本《就业理论导论》，就是1937年出版的旨在解读凯恩斯理论的引论性质的书。全书简明、清晰地阐述了凯恩斯理论的基本原理和思想脉络，与《通论》的艰深晦涩恰成对照。所谓“就业”，在凯恩斯理论中，是与一个社会的总产量、国民收入等总量指标大致相当的概念，因此本书虽题为《就业理论导论》，却同时包含利息、货币、国际贸易与汇率以及经济周期等内容，近似于后来所谓宏观经济学。诚如序言所说，这本书并不希望“对于平息目前困扰理论经济学界的争论能有多少裨益”，不代表当时经济学的前沿研究，但是，即使在今天看来，对于把握当时的经济学思潮，理解经济学史上一些聚讼已久的问题的发展演变等，仍然不失为一份清晰而高效的文献。

1969年，琼·罗宾逊增写了第二版前言，重新审视了凯恩斯理论的历史定位、影响及存在问题。这篇前言对于在经济学史上鸟瞰凯恩斯理论，了解围绕《通论》的经久争论等很有帮助。文中特别提到，“一些吹毛求疵的人，不去改进凯恩斯的表述，而是攻击他的基本观点，他们在(家庭收入与消费支出的关系)这个问题上就大做文章。”我想她是有所指的：1956 年米尔顿·弗里德曼出版了《消费函数理论》，开篇即矛头直指凯恩斯的消费函数——总消费或总储蓄之与总收入的关系，由此展开了芝加哥学派和凯恩斯主义关于经济运行的基本认识、经济政策的基本取向等方面旷日持久的论战。直至今日，这些围绕总消费与总收入、投资波动与经济周期的论战，仍然影响着各国当局的经济政策。至于经济学争论的性质，琼·罗宾逊在本书最后一章，有心平气和的分析；弗里德曼后来在回忆录(1998)中，也提出了类似的看法。

琼·罗宾逊的文字风格，历来让人交赞。这本书的文笔简洁明快，以口语化短句居多，斩钉截铁，不拖泥带水。我在翻译中，也尽量争取文字简洁清晰，使用短句或多加句读，遣词造句尽量符合中文习惯，句式结构上大胆作一些调整，争取文笔流畅，句法规矩。至于有没有做到位，还得由读者评判。我相信“以其昏昏”，不能“使人昭昭”，因此一直坚持“理解地翻译”，即一定要准确理解原著每句的含义，再以符合中文句法的形式重现出来，让读者读通、读懂。当然，理解不到位乃至错误在所难免。这就要求译者认真负责，反复推敲，并不断提高学识，以求透彻理解，做出忠实可信、准确传情达意的译本。

学科翻译的根本目的，是借他山之石，推动本国经济学发展。我们既用母语思考，母语表述的准确性，就会潜移默化地影响学科思维。因此，除了上述“句法”之外，经济学术语翻译的“字法”也很重要。经济学家张五常就曾批评“成本”(cost)的译法，认为中文

“成本”含有“历史”的含意，而按照经济学理论，成了本的，就不能称其为成本（cost）。当然，对于很多上百年来沉淀下来的术语译法，已经约定俗成，不可能一个个推倒重来。但怎么择善而从，也是我在翻译中再三掂量的。有志未遂之处，也请方家指正。

世上可能有纯粹的学问，但是没有纯粹的学者。像我这样的业余译者，生活当然更是驳杂凌乱。因此特别要感谢家人和同事，给我提供了良好的环境，让我业余得沉浸于斯。

陈明衡

2014 年 4 月于温州人民银行

图书在版编目(CIP)数据

就业理论导论/(英)琼·罗宾逊著;陈明衡译.—北京:商务印书馆,2024
(汉译世界学术名著丛书:120年纪念版:珍藏本:增订本)
ISBN 978-7-100-23830-4

Ⅰ.①就… Ⅱ.①琼…②陈… Ⅲ.①就业—理论研究 Ⅳ.①C913.2

中国国家版本馆CIP数据核字(2024)第079304号

汉译世界学术名著丛书
(120年纪念版·珍藏本·增订本)
就业理论导论
〔英〕琼·罗宾逊 著
陈明衡 译

商 务 印 书 馆 出 版
(北京王府井大街36号 邮政编码100710)
商 务 印 书 馆 发 行
北京新华印刷有限公司印刷
ISBN 978-7-100-23830-4

2024年5月第1版 开本710×1000 1/16
2024年5月北京第1次印刷 印张7
定价:40.00元